玄界灘島嶼社会の変容

佐賀県「玄海諸島」研究

小林 恒夫 著

筑波書房

はしがき

　2014年以降、日本創成会議による「消滅可能性都市」の提起、アベノミクスの一環としての「まち・ひと・しごと創生法」の制定・施行と関連事業の開始といった「地方創生」「地域再生」関係の提言とそれを基にした法制化・政策が矢継ぎ早に展開中である。それに対し、地方行政は戸惑いつつも対策を模索中である。他方、これらの国政動向をむしろ批判的に見る従来からの過疎地域研究者らによる過疎地域は「消滅せず」「どっこい生きている」とする少子・超高齢社会の実態解明・問題提起、および2011年東北大震災・福島原発事故以降の若者の意識変化や「田園回帰」行動に関する実態・要因分析も進行中である。

　以上のような「地域創生」「地域再生」を巡る新たな動向・推移を契機に、本書は、これらの政策・事業・研究に資すべく、少子・超高齢・過疎社会の実態分析と将来展望・提言へのアプローチを目的に、離島（島嶼）を対象に実施したフィールドワークをとりまとめたものである。

　本書が離島を対象にした根拠は、我が国の人口減少は2000年代になって初めて現れたが、離島においては既におしなべて1950年代以降から見られた傾向であり、また2010年国勢調査結果において、日本の高齢化率23.0％に対し、全国離島のそれは31.3％（日本離島センター『2013離島統計年報』）であり、離島は日本の少子・超高齢化の最先端地域の１つであるため、離島を対象とする地域研究は目下の少子・超高齢・過疎地域研究において極めてふさわしいものと考えられるからである。

　このように離島が日本の少子・超高齢社会の一典型地域であることは、たとえば上記の日本創成会議が「消滅可能性都市」として明示した市町村の中や、かつて「限界集落」の提唱者の大野晃氏が「限界自治体」として明示した市町村の中に少なからず全国の離島市町村が含まれている（いた）ことからも明白である。

　その点で、少なくない少子・超高齢・過疎社会の実態分析の中で、離島を

対象に取り組んだ点が本書の最大の特徴だと言うことができよう。

ただし、日本の離島は立地・面積・人口規模・産業構成等において極めて多様であることから、全体像の把握は決して容易ではない。それに対し、一方で日本島嶼学会が組織的に離島（島嶼）研究を行っており、他方で、個別的な離島研究も膨大な量に及ぶ。これらの膨大な研究成果を著者個人がフォローすることは極めて困難である。

そこで、本書は、まず著者の所属する地域研究センターの研究対象地域の一角に位置する7つの離島（佐賀県「玄海諸島」）の実態調査から研究を始めることとした。その意味では、本書はたしかに多様な全国300余の有人島の中の特定少数の事例研究に過ぎない。

しかし、本「玄海諸島」研究は日本の離島全体の把握において3つの有利な条件を有する。1つは、玄海諸島はその日常生活圏の中での面積・人口・戸数の割合が全国有人島全体の平均値とほぼ同水準にあり「日本の島嶼の縮図」と言えることから、日本の離島研究への近道の1つを提供していると考えられることである。2つは、長崎県の「平戸諸島」のうち五島列島北東部を除く平戸市周辺の玄海諸島に隣接する7〜8個の近海の島々、および福岡県の「筑前諸島」の島々も玄海諸島と同様に共に小規模離島であり、またこれらの3諸島の島々の島数も共に7〜8島であり、形態的に極めて類似していることである。3つは、これらの3諸島の島々の大半が共に「漁業を主体とする島嶼」であり、産業構成もたいへん似ていることである。以上のことから、本書の対象離島は佐賀県の7つの玄海諸島に限られるが、実はその西部の「平戸諸島」や東部の「筑前諸島」の島々も形態・人口規模（小規模）・産業構成（漁業主体）といった点で極めて類似性が高いことから、共通する事柄が少なくないと推測される。本書名を「平戸諸島」と「筑前諸島」をも含めて広く「玄界灘」と命名したのはこの点に根拠を有している。

2016年1月

小林恒夫

目　次

はしがき ……………………………………………………………………… iii

序章　課題と方法 ………………………………………………………………… 1
　1．過疎・離島（島嶼）問題をめぐる研究・政策論の現状 ……………… 2
　2．対象と課題 …………………………………………………………… 4
　3．構成 …………………………………………………………………… 5

第Ⅰ部　過疎・離島問題の構図──過疎・離島社会の展望と課題──

第1章　過疎対策および離島政策 ………………………………………………… 9
　1．離島振興法 …………………………………………………………… 10
　2．国土交通省「新たな『国土のグランドデザイン（骨子）』」……… 13
　3．「まち・ひと・しごと創生法」……………………………………… 15

第2章　日本創成会議提言等（増田レポート）の問題点 …………………… 19
　1．国立社会保障・人口問題研究所の将来人口推計 …………………… 20
　2．日本創成会議の人口予測（「消滅可能性都市」論）と提言 ……… 20
　3．その後の研究・提案─「消滅可能性都市」批判─ ……………… 23

第3章　過疎地域に関する近年の研究動向 …………………………………… 27
　1．はじめに ……………………………………………………………… 28
　2．限界集落論（大野晃氏）…………………………………………… 28
　3．これまでの「消滅集落」否定・これからの集落消滅危惧論
　　　（山下祐介氏）………………………………………………………… 31
　4．集落撤退（「集落移転」）論（林直樹氏・齋藤晋氏ら）………… 32
　5．超「限界集落」・生活構造変容論（徳野貞雄氏）………………… 34
　6．集落補完型新コミュニティ形成「農山村再生」論
　　　（小田切徳美氏）……………………………………………………… 36
　7．まとめと本書の課題 ………………………………………………… 37

第Ⅱ部　玄海諸島の概要―統計分析―

第4章　玄海諸島の特徴 …… 43
1. 玄海諸島は日本の島嶼（離島）の縮図 …… 44
2. 玄海諸島に関する既存の見聞録・研究報告書 …… 48

第5章　玄海諸島の性格 …… 51
1. 人口・世帯数の減少と高齢化の進展 …… 52
2. 産業構造の変化 …… 59

第Ⅲ部　玄海諸島の諸相―事例分析―

第6章　高島 …… 67
1. はじめに―課題― …… 68
2. 人口・世帯数および年齢構成の推移 …… 69
3. インフラの整備状況 …… 71
4. 漁業の推移 …… 71
5. 農業の推移 …… 79
6. 少子化による教育・保育問題 …… 82
7. 観光対策 …… 83
8. 訪問調査結果―付論― …… 84
9. まとめ―提言に代えて― …… 85

第7章　神集島 …… 87
1. はじめに―課題― …… 88
2. 人口・世帯数および年齢構成の推移 …… 89
3. インフラの整備状況 …… 90
4. 漁業の推移 …… 91
5. 農業の推移 …… 98
6. 少子化による教育・福祉施設問題 …… 100
7. 観光対策 …… 101
8. 諸団体の活動 …… 103
9. まとめ―提言に代えて― …… 105

第8章	小川島	107
	1．はじめに―課題―	109
	2．人口・世帯数および年齢構成の推移	109
	3．インフラの整備状況	111
	4．漁業の問題と対策	115
	5．出稼ぎの島	123
	6．農業および作物栽培の問題と対策	124
	7．少子化対策	128
	8．観光戦略	130
	9．付記	131
第9章	加唐島	133
	1．はじめに―課題―	134
	2．加唐島の今	135
	3．交通・インフラ・診療所	138
	4．漁業問題	139
	5．農業問題	145
	6．椿の実の販売と椿油の製造（加工）・販売―椿の島＝加唐島―	148
	7．高齢者問題	149
	8．就業先確保問題	151
	9．小中学校・保育所の存続問題	153
	10．観光対策	157
	11．提言	159
第10章	松島	165
	1．はじめに―課題―	166
	2．人口・世帯数の推移	166
	3．インフラの整備状況	171
	4．漁業の特徴	173
	5．農業の推移	175
	6．人口増加と小学校分校開校	177
	7．観光対策	180

8．近年の新たな取組 ……………………………… *180*
　　9．まとめ ………………………………………………… *182*

第11章　馬渡島 …………………………………………………… *183*
　　1．はじめに―課題― ……………………………… *184*
　　2．馬渡島の今 ……………………………………… *184*
　　3．漁業問題 ………………………………………… *189*
　　4．農業問題 ………………………………………… *195*
　　5．鳥獣被害対策 …………………………………… *199*
　　6．特産物開発 ……………………………………… *200*
　　7．高齢者問題 ……………………………………… *200*
　　8．学校教育―児童・生徒数の激減― …………… *202*
　　9．ブラジル移民 …………………………………… *205*
　　10．観光対策―総合対策― ………………………… *207*
　　11．むすび …………………………………………… *208*

第12章　向島 ……………………………………………………… *211*
　　1．はじめに―課題― ……………………………… *213*
　　2．向島の今 ………………………………………… *214*
　　3．向島の産業史―農業主体の半農半漁から漁業専業へ― … *221*
　　4．向島の漁業 ……………………………………… *226*
　　5．ブルーツーリズムの可能性 …………………… *231*
　　6．学校の閉校・休校問題 ………………………… *232*
　　7．提言 ……………………………………………… *234*

終章　まとめと残された課題 …………………………………… *241*
　　1．まとめと提言 …………………………………… *242*
　　2．残された課題 …………………………………… *256*

あとがき …………………………………………………………… *262*

序章

課題と方法

宝くじが当たると評判の高島の神社を参拝して帰路の定期船に向かう多くの観光客の列

高島の定置網運搬船

1. 過疎・離島（島嶼）問題をめぐる研究・政策論の現状

　過疎問題は、1960年代の高度経済成長期に現れ、その後、強弱はありながらも、多様な形態で現象化しつつ今日まで続き、さらに将来はもっと深刻になるものと推測されている、古くて新しい日本の社会問題である。

　そのような中で、2014年5月に日本創成会議が独自の人口予測に基づいて「消滅可能性都市」の出現といった2040年予測を行ったことが契機となって、末端の自治体から国政のレベルまで広く、また研究面においても大きい影響をもたらした。このような動向を見て、著者はかつての「限界集落」問題を想起する。そして事実、今回の「消滅可能性都市」の提起に対しても多くの批判が提出され、議論が進行中である。

　こうして現在、少子超高齢化への急伸という新たな局面において、過疎問題の議論が再開されたという段階にある。

　さて、周知のように、過疎問題の主要な場面は、農山村や漁村であるが、その中には離島（以下、島嶼）も含まれている。むしろ、島嶼地域は過疎の先端的・典型的地域と言ってよい。事実、上記の今般の「消滅可能性都市」論の提起や地方・国政における対応や反論等において島嶼も取り上げられている。

　ひるがえって、これまでも過疎問題を主題に置く議論や研究の中で、島嶼の農漁村を中心的に、あるいは正面から取り上げたものは少なくない。しかし、これらの多くの島嶼研究の全体像や内容吟味を行ったものは意外と少ない。そのなかで、1つは、少し古くなるが、戦後から1995年までの島嶼研究における対象地域の特徴を整理した叶堂隆三氏の指摘が参考となる。叶堂氏によると、「島嶼・離島研究の対象が、地方的には九州・沖縄地方に集中し、県別では長崎県・鹿児島県・熊本県の三県の島嶼が六割強を占めていること、また地域エリア的に対馬・奄美群島・天草諸島・五島列島が全研究の五割強を占めている」[(1)]としている。また、叶堂氏は、取り上げられた島名を県別に示しているが、その中で佐賀県では1980年代前半に2つの研究において

ともに加部島が取り上げられたとしている⁽²⁾。つまり、社会経済学分野の学術論文に限られるが、それらにおいて少なくとも戦後から1995年までの間で佐賀県内のその他の７つの島々（図4-1参照）、すなわち、玄海諸島が島嶼研究において取り上げられた形跡はない。そして、その後も今日に至るまで、玄海諸島研究は皆無と見られる。本書がこの空白対象地域を取り上げるという意義の１つはこの点にある。

　もう１つ、1907年から2013年までの地理学分野の離島研究の全体像を論評した宮内久光氏の最近の論文も注目される。宮内氏によると、「1970年代後半以降は、…離島の類型化と地域特性の解明に関する研究が行われるように」⁽³⁾なり、「人口や産業など様々な指標から離島を類型化して、それぞれの類型の特徴が明らかにされた結果、離島は全国レベルではもとより、瀬戸内海や薩南・沖縄という海区レベルにおいても、…「強度な均等地域」ではなく、島の規模や地理的位置により大きく地域構造が異なり、さらに個々の島の歴史や産業、交通条件などの違いが反映して、極めて多様な地域構造を持つことが明らかになってきた」⁽⁴⁾とされる。すなわち、離島（島嶼）研究は対象とする離島（島嶼）のそれぞれの特徴的な構造を１つずつ見極めていく必要があるということである。また、関連して、薩南・沖縄を取り上げた論文の中で最も多く論じられた分野は農業であったのに対し、鹿児島県以外の九州を取り上げた論文の中で最も多く論じられた分野は漁業であった点を指摘している。この点から、一般的に鹿児島・沖縄離島論の中心的産業が農業であるのに対して、鹿児島以外の九州離島論の中心的産業は漁業に置かれるという点を確認しておきたい。そして、本書も後者に属する。さらに、宮内氏はこれまでの離島研究には離島の独自性を理論化し政策化する型と産業等との関連を重視する型があるとし、前者の研究において「戦後早い段階から離島と本土、離島と離島との相互関係が盛んに論じられた」⁽⁵⁾としているが、これは現在でも検討・考察を要する古くて新しい問題だと考えられる。また、後者の研究の中で、「人口移動研究は、特に1990年代以降に盛んになる」⁽⁶⁾こと、そして「また、この時期は大都会の住民が地方に移住す

る人口逆流現象が、「移住ブーム」として日本の社会現象となった」[7]ことから、それに関する論文も発表され出したことを述べている。この点は本書第3章6．の小田切氏の主張に通じる事柄である。

2．対象と課題

　そこで、本書は、このような少子超高齢化への急伸という現局面で、過疎問題の中心的場面の1つと考えられる島嶼地域を取り上げ、その実態と「地域づくり」＝「島づくり」に関わる課題を探ったものである。ところで、日本の有人島は2011年で332島あるが（**表4-1**を参照）、それぞれ地形も面積も産業の中身も極めて多様であるため、取り上げるべき対象島嶼の選定は容易でない。また、どのような観点で島嶼を検討するかという課題によって、取り挙げるべき対象も変わってくる。これまでは、主として島嶼の置かれた地理的および社会経済的な厳しさを確認する研究が大半を占めたと見られる。他方、島興し等の取組が行われ、元気のある離島を取り上げる研究も見られる[8]。しかし、過疎問題を中心に据えるとすると、そのような観点ばかりでは不十分である。

　そこで、少子超高齢化によって過疎が急進する可能性が高い将来を見据え、今日における過疎・離島問題の全体像に迫る一過程＝一里塚として、本書は佐賀県玄海諸島の7つの小島嶼を取り上げる。その根拠の1つは、上述のように、これまで島嶼研究において取り上げられたことのなかった「空白地域」だからでもあるが、主要な根拠は次の通りである。すなわち、確かに玄海諸島は数的には7つの島に限られるが、本文第4章で述べるように、島民の日常的生活圏（唐津市・旧東松浦郡）において玄海諸島7島の面積・人口・世帯数の割合が日本の全有人島332島平均のそれと類似している点から、存在実態が「日本の島嶼の縮図」と言えることや、佐賀県「玄海諸島」は漁業主体の小島嶼という産業構成と存在形態において隣接する福岡県「筑前諸島」や長崎県「平戸諸島」とも共通しており、佐賀県のみでなく福岡県と長崎県にわたる比較的広い九州北部「玄界灘」の広域的な地域問題として位置付け

ることができるというメリットを持つ点にある。また、上述の宮内氏が九州離島の主要産業が漁業であることを指摘した点も考慮すると、まさに玄海諸島研究は広く北部九州「玄界灘」離島研究の一環として位置付けられるだけでなく、さらには日本全体の島嶼問題へのアプローチの１つの近道とも考えられるのである。

　そこで、本書は、佐賀県「玄海諸島」の７つの島を対象に、統計分析（第Ⅱ部）と事例調査（第Ⅲ部）を通じて、産業面では北部九州の島が漁業を特徴としていることから特に漁業の動向に注目し、合わせて農業の推移も確認し、また、本土と島との間の縦の関係、島と島の間の横の関係を考慮しての、交通・電気・上下水道および教育・医療・福祉等のライフラインや生活インフラの実態と問題点や課題を追究し、その上で人口激減の実態とその影響の確認のみならず、「田園回帰」やIターン・Uターンの有無の探索を行うことを課題とする。

3．構成

　本書はⅢ部構成とした。第Ⅰ部では離島問題を議論する最小限の前提として、第１章では、2013年施行の改正離島振興法と2014年策定の国土交通省の「新しい『国土のグランドデザイン』」および同年成立の「まち・ひと・しごと創成法」を取り上げ、概要説明とコメント付加を行う。また、第２章では、これらと関連した事柄として、2014年に発表・提言・主張された２つの人口予測やそれに関する批判・研究を取り上げる。すなわち、国立社会保障・人口問題研究所の人口予測と日本創成会議の2040年人口予測と「消滅可能性都市」論、およびそれらに対する山下祐介氏や小田切徳美氏らの批判的研究である。そして、第３章では、今日の過疎地域研究の原点を大野晃氏の「限界集落」概念提起と位置付け、およびその後の過疎問題・地域再生問題に関する主要な研究を取り上げる。

　次いで第Ⅱ部では、日本の離島（島嶼）の全体像と佐賀県の「玄海諸島」の外形的特徴を統計で概観し、また関連する参考資料を示す。すなわち、第

4章では、日本の離島（島嶼）の全体像とその推移を統計で確認し、そこにおける特徴を指摘する。また、統計分析の結果、面積・人口・世帯数の割合の点から、佐賀県の「玄海諸島」を「日本の島嶼の縮図」であると位置付ける。さらには、次の第Ⅲ部で各島の事例分析をするために参考となる見聞録・エッセイ・小説・調査報告の概説を行う。そのうえで、第5章では、統計を用いて「玄海諸島」全体の人口・世帯数の推移や年齢構成、高齢化の進展具合、産業構成や主要な産業である漁業の中身の概観を行う。

そのうえで、第Ⅲ部において、玄海諸島に含まれる7つの島々を各章ごとにそれぞれ取り上げ、統計分析と事例調査結果を基にその具体的実態に迫り、問題点と課題を探り、最終的に将来に向けた提言を行う。

そして、最後に終章において本書の「まとめと提言」を行い、合わせて「残された課題」を付言する。

【注】
（1）叶堂隆三『五島列島の高齢者と地域社会の戦略』九州大学出版会、2004年、11頁。
（2）前掲書、9頁。
（3）宮内久光「離島を対象とした人文地理学研究の動向」平岡昭利編著『離島研究Ⅴ』海青社、2014年、16頁。本書第Ⅱ部第5章2（1）で取り上げる須山聡論文もこのような離島類型論の1つである。
（4）同上、17頁。
（5）同上、15頁。
（6）同上、18頁。
（7）同上、18頁。
（8）平岡昭利編著『離島研究』（Ⅰ～Ⅴ）海青社、2003年～2014年や平岡昭利編著『離島に吹くあたらしい風』海青社、2009年など。

第Ⅰ部

過疎・離島問題の構図
―過疎・離島社会の展望と課題―

第1章

過疎対策および離島政策

エビかごを修理している神集島の漁師

神集島の夏祭りの山車曳きを手伝う佐賀大学の学生たち

1．離島振興法

　1953年に制定された10年時限の離島振興法は、その後5度にわたって改正・延長されてきた。そして、6度目の改正法が2012年6月20日に成立し、27日に公布され、2013年4月から全面施行となった。本書では以下、1つ前の2003年改正・施行の離島振興法を旧法、今般の2013年改正・施行の最新の法を現法と表現することとする。

　さて、現法では多くの改正がなされたが、重要なものとして、①目的の拡充、②基本理念及び国の責務の明確化、③離島活性化交付金等事業の新設、④医療・福祉関係事業の新設、⑤人・物の輸送費軽減対策の新設、⑥教育の充実、⑦就業の促進の重視、⑧防災対策の新設、等を挙げることができる。以下、これらの内容を概観してみたい。

（1）目的の拡充

　旧法では、離島における産業基盤や生活環境の低位性を改善し、離島の産業振興を支援することによって、離島の特性を生かした自立的発展を促し、国民経済と国民利益への寄与を目的とするとしていたが、新法は、離島の低異性＝不利性としてさらに「輸送費のコスト高」等を改善して産業基盤や生活環境等に関する「地域格差の是正を図」ることを特に強調している。また、「離島の振興に関し、基本理念を定め、及び国の責任を明らかにし」との一文を追加している。さらに、「地域間の交流を促進し、もって居住する者のいない離島の増加及び離島における人口の著しい減少の防止並びに離島における定住の促進を図」ることをもその目的として追加新設している。

　以上の事柄は、国境離島をめぐる対外的な状況変化だけでなく、この10年間における有人島の無人化や人口急減といった新たな国内状況の変化を背景としていることは言うまでもない。

（2）基本理念及び国の責務の明確化

　すでに第1条の「目的」に書かれていることではあるが、それらのことを改めて基本理念とし、さらにその推進を国の責務として確認している。この点は、内容的には二度手間であり、同じことの繰り返しだとも言えるが、それらの対策実施を改めて国の責務だと明記・確認した点は評価できよう。

　なお、基本理念とは、目的の内容とダブるが、「領域、排他的経済水域等の保全、海洋資源の利用、多様な文化の継承、自然環境の保全、…食料の安定的な供給等」の役割が発揮されるよう、「自然的社会的条件を改善し、…交流の促進、…離島における定住の促進」を図ることを指す。

（3）離島活性化交付金等事業の新設

　以上の目的と理念を達成するための手段として重要なものが「離島活性化交付金」の新設である。その中身は3つあり、1つは「定住促進」事業であり、産業活性化事業（戦略産品開発支援やその移出に係る海上輸送費支援など）と定住誘引事業（UIJターン希望者への情報提供や空き家改修等人材受け入れのための施設整備など）である。2つ目は「交流促進」事業であり、離島情報の発信、受け入れ態勢の強化、イベント等の島外住民との交流実施の推進などである。3つ目は「安全安心向上」事業であり、災害時の防災体制の見直し、避難施設・避難経路表示の整備等の災害対策支援、エネルギー自立のための調査・計画策定の支援などである。すでに、長崎県や福岡県や新潟県の離島においてこれらの交付金が運用されている[1]。

（4）医療・福祉関係事業の新設

　医療・福祉関係の条項が新たに追加された点も新法の特徴である。具体的には、妊婦や高齢者への支援、介護サービスの確保や保健医療サービスの受給負担軽減等である。すなわち、国及び地方公共団体は「離島振興対策実施地域に居住する妊婦が健康診査を受診し、及び出産に必要な医療を受ける機

会を確保するため、妊婦が居住する離島に妊婦の健康診査又は出産に係る保健医療サービスを提供する病院、診療所等が設置されていないことにより当該離島の区域外の病院、診療所等に健康診査の受診又は出産のために必要な通院又は入院をしなければならない場合における当該通院又は入院に対する支援について適切な配慮をするものとする」（第十条六の7）という条項が追加された。また、国及び地方公共団体は「離島振興対策実施地域における介護サービスの確保及び拡充を図るため、…老人居宅生活支援事業に係る介護サービスの提供、介護サービスに従事する者の確保、介護施設の整備、提供される介護サービスの内容の充実等について適切な配慮をするものとする」（第十条の二）と義務付けされた。さらに、国及び地方公共団体は「保健医療サービス、介護サービス、高齢者福祉サービス及び保育サービスを受けるための条件の他の地域との格差の是正を図るため、離島振興対策実施地域の住民がこれらのサービスを受けるための住民負担の軽減について適切な配慮をするものとする」（第十一条の二）とされた。こうした福祉対策の実施が追加されたことは重要なことと評価される。

(5) 人・物の輸送費軽減対策の新設

旧法では島民生活の利便性向上と産業振興目的のための海上・航空・陸上交通の安定的確保の必要性は挙げられてはいたが、新法ではそれに加え、人の往来や物品の輸送に関する費用負担増の低廉化（コストアップの負担削減）のための施策の実施を挙げ（第十二条）ている。離島における負担増という格差の是正を図るための前進的な施策と評価できる。

(6) 教育の充実（本土の高校への通学への支援）

関連して、新法では高校のない離島の高校生の通学や本土への居住に関する配慮を「教育の充実」（第十五条）という条目の新設によって追加掲載している。

(7) 就業の促進の重視

　また、国及び地方公共団体は離島地域において「就業の促進を図るため、良好な雇用機会の拡充並びに実践的な職業能力の開発及び向上のための施策の充実についての適切な配慮をするものとする」（第十四条の二）という条項を追加した。離島人口の維持のため島民の就業の促進を確認したものである。

(8) 防災対策の新設

　さらに、新法では新たに「災害が発生した場合において島民が孤立することを防止するため…避難施設、防災行政無線設備、…その他の施設及び設備の整備、…その他の防災対策の推進について適切な配慮をするものとする」（第十七条の四）と、防災対策の推進を新たに謳っている。これは、東北地方大震災と原発事故および近年の異常気象被害の増加を背景としていることは言うまでもないが、孤立的性格の強い離島における防災対策は本土以上の重要性をもっていることに注意する必要があるため、強調してしすぎることのない事柄である。

2．国土交通省「新たな『国土のグランドデザイン（骨子）』」

　第2章で述べる国立社会保障・人口問題研究所の人口推計や日本創成会議の報告を受けて、2014年3月に国土交通省が標記の「新たな『国土のグランドデザイン（骨子）』」という箇条書き的なメモを公表した。これは、古く1960年の所得倍増計画や1962年の国土総合開発計画に遡る日本の国家戦略の流れに沿うもので、直接的には1998年の「21世紀の国土のグランドデザイン」を起源とする2005年および2008年の「国土形成計画」の後続最新版である。すなわち、2008年の「国土形成計画」発表以降の状況変化、とりわけ東日本大震災と原発事故および異常気象の頻発、ならびに上記2組織の報告等を契

機に、2008年の「国土形成計画」の見直し案を作るために提示されたものである。したがって、最終案ではないが、現時点での最新版であるため、これを取り上げることとしたい。

その特徴的内容は多岐にわたるが、さしあたり、本書の論点にかかわる以下の諸点のみに限って整理しコメントしたい。

(1) 目的

これまでの日本の経済発展の原動力であった歴史と南北地形の長さから来る日本の多様性が、近未来の人口減少と巨大災害の危機から損なわれる国家存亡の可能性が出てきたという危機感を共有し、人口が１億を切ると予測される2050年を視野に入れた国土計画の策定を描くことが本メモ（骨子）提示の目的であるとされている[2]。

(2) 災害対策―「理念」の１つ―

「理念」として、①「多様性の再構築」と②「連携革命による新しい集積の形成」と③「災害への粘り強くしなやかな対応」の３項目が挙げられているが、③に注目したい。すなわち、災害対策は多様であるが、近年の災害のみならず歴史も掘り起こして見直しながら、最悪のシナリオも想定して、リスクマネジメントを行っていくことの必要性が述べられている。

(3)「小さな拠点」構想と「海洋・離島」の位置付け―「目指すべき人と国土の姿」として―

「目指すべき人と国土の姿」として、①「国土の姿」と②「人と国土のかかわり」の２項目が挙げられているが、前者について、さらに①大都市圏域では、リニア中央新幹線の開通を契機に首都圏・中部圏・近畿圏が一体化した世界的な「スーパー・メガリージョン」の形成を構想している。対して、②地方圏域においては、１つは、市役所等を中心とする街なかと周辺部を交通ネットワークでつなぐ「コンパクトシティ」の構想（なお、住宅は徐々に

集約する）[3]、2つ目は、都市生活拠点となる10万人以上の都市を中心とする複数の市町村からなる人口30～50万人規模の都市圏である「高次地方都市連合」、3つ目は、拠点集落と周辺集落を結び付ける「小さな拠点」構想である。さらに、③海洋・離島においては、領海・排他的経済水域等の「すべてを持続可能な形で最大限利用する」ために、「特に外海の遠距離離島（いわゆる国境離島）に住民が住み続けることは国家及び国民の利益、いわば『現代の防人』」であると位置付けられている。

なお、「小さな拠点」構想は、国土交通省国土政策局が外部関係者による検討委員会を通じて2013年3月にまとめた『集落地域の大きな安心と希望をつなぐ「小さな拠点」づくりガイドブック』[4]に基づくものである。

(4) コメント

以上のことから、本メモには、大地震・原発事故や災害多発の現実と近未来人口予測から危機迫る問題意識が感じられるが、離島（島嶼）問題に限ってコメントするならば、1つは、複数集落を前提とする「小さな拠点」構想と1集落（漁村）を前提とする島嶼小社会ではあまりにも前提や実態との隔たりがあるため、離島（島嶼）集落対策としては、「小さな拠点」構想とは別の、あるいはそれをアレンジした新たな集落対策モデルの構想が求められる。また、本メモに挙げられている「海洋・離島」対策は「現代の防人」との表現に象徴されるように国家的・国防的対策という性格が強く、実際の島民の生活や島の産業の視点が欠けていると言わざるをえない。したがって、別途、改めて離島における生活・産業等対策の提示が求められる。本書を提示するゆえんもこの点にある。

3.「まち・ひと・しごと創生法」

政府は2014年9月召集の臨時国会に標記法案を提出し可決成立させた。本法の重要事項を下記に概説しコメントしたい。なお、本法は第1条に目的が、

第2条に基本理念が謳われているが、第3条以下第21条までの分量的に大半を占める条項は推進組織や計画策定に関する手続き的・事務的関係部分から成っている、A4サイズ5枚程度の分量の法案である。

（1）目的（第1条）

　本法の第1条が目的となっており、それは「人口減少には歯止めをかけるとともに、東京圏への人口の過度の集中を是正し、…潤いのある豊かな生活を安心して営むことができる地域社会の形成」と「魅力ある多様な就業の機会の創出」を推進するために、基本理念・国等の責務および施策・計画の作成等を行うこととしている。

（2）基本理念（第2条）

　上述の目的と重複するが、一般的な「潤いのある豊かな生活を営むことができるよう、…環境の整備を図ること」と、なかでもとりわけ「結婚、出産又は育児についての希望を持つことができるような環境の整備」と、それを後押しする「魅力ある就業の機会の創出」がポイントであると強調されている。

（3）対応組織・計画の策定（第3条～第21条）

　以下、第3条から最後の第21条までが、以上の目的と基本理念の実現の推進を図る組織として政府内に閣僚メンバーによる「まち・ひと・しごと本部」を設置し、法案成立後「まち・ひと・しごと創生総合戦略」を策定し、合わせて同戦略を都道府県と市町村でも策定する努力を促す内容となっている。

（4）コメント

　以上のように、本法は極めてコンパクトな構成となっていることを特徴としている。たしかに、基本的に宣言法であるため、抽象的表現とならざるをえない制約はあるが、対応組織の構成や計画策定といった制度的・組織的・

事務的部分が大半を占めてしまい、目的・基本理念といったコア部分において、少なくともキーワード的な決め手となる理念的な内容が不明確・不十分となっていると言わざるを得ない。しかも、その内容は上述のように「活力ある」「潤いのある」「魅力ある」といった美辞麗句が先走っており、その実質的な中身が十分伝わってこない。どのように「活力」や「潤い」や「魅力」があるのか、その具体的内容の検討・叙述が先行すべきと考える。その意味で本法は上述の形式的には不十分な「新たな『国土のグランドデザイン（骨子）』」の危機意識や検討内容とは対照的なものになっている。

【注】
（1）『季刊しま』No.239、2014年9月号、日本離島センター参照。
（2）国立社会保障・人口問題研究所の人口推計を前提にしていると推測される。
（3）この点は後述の「集落撤退論」を受けていると推測される。
（4）ガイドブックでは「小さな拠点」とは「小学校区など複数の集落が集まる地域において、買い物や医療・福祉など複数の生活サービスを歩いて動ける範囲に集め、各集落との交通手段を確保することによって、車が運転できない高齢者などであっても一度に用事を済ませられる生活拠点をつくり、地域の生活サービスを維持していこうという取組」だとしている（上記『ガイドブック』1頁）。

第2章

日本創成会議提言等（増田レポート）の問題点

かつて玄界灘における捕鯨の中心地であった小川島での捕鯨の様子を描いた絵（おがわしま「めぐりアイランド」にて）

小川島に残された畑での熱心な野菜栽培

1．国立社会保障・人口問題研究所の将来人口推計

　国立社会保障・人口問題研究所（以下、「社人研」）による最新（2014年）発表の未来人口予測によると、外国人移動仮定の12ケース以外の14ケースの結果では、全国の人口が１億人を切る推定年次として2040年から2053年までの10年以上の幅のある年次が挙げられているが、うち2043年と2047年が２ケース、2048年が５ケースとなっていることから、おおよそ2050年の直前で１億人を切る蓋然性が高いと見てよいと思われる。また、2050年の直前の年次において高齢化率は40％弱になると予測されている。こうして、これから急速に人口減・高齢化が進むと見られる。

　このような点を見据えて、政府筋からも2050年でも１億人台の人口を維持するような対策の必要性を指摘する発言が多く出てきていることは周知のことである。

2．日本創成会議の人口予測（「消滅可能性都市」論）と提言

　2014年５月に日本創成会議・人口減少問題検討会分科会が独自の人口推計を基に『成長を続ける21世紀のために「ストップ少子化・地方元気戦略」』という人口減少や地域政策に関わる提言を発表した。そして、この提言は早速、各地の現場と国政に大きな影響をもたらした。各地の現場では、下記のように「消滅可能性都市」を特定しリストアップされたため、後述の「限界集落」と同様、関係市町村では動揺・批判等が生まれた（佐賀県の場合は後述）。また、国政上は内閣に「地方創生担当相」が創設され、上記のように2014年９月召集の臨時国会で「まち・ひと・しごと創生法」が可決成立するに至った。

　この提言は人口対策のみならず国土政策にもわたる包括的な内容を持つが、本章では、課題の人口推計と地方政策に限定して、下記の特徴的なポイント

のみ指摘したい。

（1）背景と視点

　提言の根本的背景は、東北大震災の復興に関わる地域政策の提言であり、観点は既得権の改革を推し進めるアベノミクスの推進の支援に置かれている。そのことは「基本姿勢」の項目に「人口減少を克服する道は、今まさに安倍政権が官民あげて取り組んでいる政策と同一線上にあるものである」[1]と述べていることからも知ることができる。そして、上記の国政の早速の適合的な対応はそのことを証明している。

（2）人口推計による「消滅可能性都市」

　上記「社人研」の人口推計が人口移動率の漸減を前提にしたものであるのに対し、日本創成会議は、「大都市（特に東京圏）は、このまま推移すれば、急速な高齢化に伴い医療介護の雇用需要が増大することは必至であり、それにより今後とも相当規模の若者が流入していくことが見込まれる」[2]ことを根拠に、将来とも人口移動率を一定とする方法で人口推計を行った。したがって当然、日本創成会議の推計結果は「社人研」の推計結果よりも予測人口が少なくなるような推計結果となっている。

　なお、日本創成会議は、2040年の推計値において「20～39歳の女性人口」（「若年女性人口」）が2010年の半分以下になるような市町村は「いくら出生率を引き上げても、若年女性の流出によるマイナス効果がそれを上回るため、人口減少が止まらない。こうした地域は最終的には消滅する可能性がある」[3]として、このような都市を「消滅可能性都市」[4]と命名した。こうして、「2010年から2040年までの間に『20～39歳の女性人口』が5割以下に減少する自治体数は、……896自治体、全体の49.8％にものぼる結果となった」[5]とした。「さらに、896自治体のうち、2040年時点で人口が1万人を切る市町村を見てみると、523自治体、全体の29.1％にのぼる。これらは、このままでは消滅可能性が高い」[6]とした。

佐賀県では、前者の「消滅可能性都市」として、太良町、玄海町、大町町、基山町、みやき町、多久市、嬉野市、白石町の8自治体が指摘され、そのなかで人口1万人以下の「消滅可能性が高い」自治体として太良町と玄海町と大町町の3町が挙げられた。このような指摘を受け、早速10月2日には白石町が役場職員で構成される「人口・将来問題プロジェクト会議」を立ち上げ[7]、また10月14日には佐賀市も役場職員による「人口減対策プロジェクト」を立ち上げた[8]。そして、その後、11月には嬉野市で、引き続き2015年5月には鹿島市で、6月には伊万里市と上峰町で、7月には唐津市でと、同様の組織が設立するなど、自治体の対応が目覚しい[9]。

(3) 若者世代の対策

それに対し、本提言では、若者の地方移住・定住のために多様な検討と方針の提起を行っている。すなわち、都市への流出の要因は経済的なものだとし、地方定着のためには若者世代の年収500万円モデル、社会保険の適用拡大、雇用・就業対策としては「多様な正社員制度」の導入等を指摘し、また結婚・妊娠・出産の支援のための公的な「出会いと結婚」の機会づくりや妊娠・出産に関する知識普及や妊娠・出産・子育てまでの切れ目のないワンストップ相談支援体制や産後ケア体制の整備等の必要性を挙げ、さらには子育てや保育園の整備や男性育児の推進の必要性にも言及するなどして、かなり詳しい検討を加えている。この点は参考となる点として評価できる。

そして、早速それに呼応して佐賀県でも太良町では2015年度から子育て支援を目的に町内の全小中学校の給食費無料化、結婚祝い金支給・披露宴費用支援・誕生祝い金支給を開始した[10]。

(4) 地域づくり―国土交通省「グランドデザイン」と共通―

地域づくりに関しては、市役所等を中心とする「まちなか」と周辺部をつなぐ「コンパクトシティ」と、「小さな拠点」と周辺集落をむすぶ集落連合を構想しており、この点は上記の国土交通省の「グランドデザイン」の内容

を援用しているため、省略したい。

(5) 選択と集中

その後、この日本創成会議の提言は2014年8月に同会議の座長である増田寛也氏による編著『地方消滅』なる書名で中央公論新社から新書版として刊行されベストセラーとなった。この新書から日本創成会議の提言（以下、増田レポート）における人口減少対策としての主要な中身として「選択と集中」というキーワードがより明らかとなった。それは、すべての地域を支援することは不可能なため、「地方中核都市に資源や政策を集中的に投入し」[11]、そこを最後の「踏ん張り所」＝「防衛・反転線」として「地方圏からの人口流出を食い止めるダム機能を目指す」[12]ものである。なお、「地方中核都市」とは具体的にどこかについては明言していないため不明だが、かつて政府の提言した「地方中核拠点都市」と同じもののようであり、それは全国に61ある平均人口約45万人の都市と見られる。

3．その後の研究・提案―「消滅可能性都市」批判―

上述の日本創成会議の報告や増田寛也氏の編著書（以下、増田レポート）に対し、多くの懸念や批判が提出されている。その主なものとしては山下祐介氏[13]、小田切徳美氏[14]、岡田知弘氏[15]、徳野貞雄氏[16]などであるが、その中で比較的早い時期に、かつ鋭く真正面からの批判を行ったのは山下氏と小田切氏であったと思われることから、本書ではこの両人の主張の概要をまとめることとする。

山下氏は、増田レポートの主張の中で特に「選択と集中」に関わる問題点を主に批判した。その概要は、増田レポートの「選択と集中」は、選択され資源と資本を集中的に投入される「地方中核都市」に対し、その周辺部は逆にそれらの投資が抑えられることとなる結果、周辺部が切り捨てられて「消滅」することとなるという理解である。そして山下氏は、この「選択と集中」

に対抗する観点・方法論として、周辺部も含めた「多様性の共生」を提起し、それを目指す場合の観点として、主体性・自立・循環・持続というキーワードを示す。「多様性の共生」への１つの具体的提案として山下氏は、現代の日本人は家族・地域・世代にわたってすでに住所が１箇所とは限らないほど流動化して「多地域居住」となっていることから、「住民票の二重登録化」[17]による各所での生活・活動を推奨する。合わせて山下氏は、そのような現実的動向として以下に述べる小田切氏らの指摘する「ふるさと回帰」「田園回帰」に注目する。

　同時期に増田レポートを批判したのは小田切徳美氏であった。小田切氏の増田レポート批判は、氏のこれまでのフィールドワーカーとしての研究[18]の延長線上に位置付く氏の近著『農山村は消滅しない』岩波書店、2014年等で行った。その主要な内容は以下のようである。まず、増田レポートの最大の問題は、「消滅可能性都市」として896市町村を明示したために「「諦め」の気持ちをもたらしてしまった副作用」[19]であり、それが「農村たたみ」や「撤退のすすめ」につながりかねない点だとする。その理由は、1990年代以降とりわけ2011年以来、若者の「田園回帰」・農村移住が活発化し、いま農山村は変わりつつある「変革期」にあり、見守り・支援が必要な時期であること、また、集落は持続する「強み」を持つと同時に、いつ限界的な「臨界点」に至るかわからない「弱み」をも同時に持ち、条件次第で変動可能だからであるとの理解に基づく。そのような理解のうえで、小田切氏は、この超高齢集落の維持のためには、いま整いつつある国の農村支援制度を利用して外部の人材を受け入れつつ独自の内発的な活動を行うことだとする。そして、その内容を、具体的な成功事例を示しつつ、①暮らしの物差しづくり、②暮らしの仕組みづくり、③カネとその循環づくり、といった「地域づくりのフレームワーク」づくりや、「内発性」「総合性・多様性」「革新性」といった支援の基本的方向性として一般化して提示している点に、決して抽象的な「地域づくり」ではない具体的な手引書ともなっている小田切氏の「地域づくり論」の特徴がうかがえる。

【注】

（１）日本創成会議・人口減少問題検討分科会『成長を続ける21世紀のためにストップ少子化・地方元気戦略』2014年5月8日、2頁。
（２）上掲『戦略』、14頁。
（３）上掲『戦略』「資料１」２頁。
（４）上掲『戦略』「資料１」４頁。
（５）上掲『戦略』「資料１」４頁。
（６）上掲『戦略』「資料１」４頁。
（７）『西日本新聞』2014年10月3日付。
（８）『西日本新聞』2014年10月15日付。
（９）『西日本新聞』2015年7月8日付などによる。
（10）『佐賀新聞』2015年3月2日付。
（11）増田寛也編著『地方消滅』中央公論新社、2014年8月、50頁。
（12）増田寛也編著『地方消滅』中央公論新社、2014年8月、51頁。
（13）山下祐介『地方消滅の罠』筑摩書房、2014年12月。
（14）小田切徳美『農山村は消滅しない』岩波書店、2014年12月。
（15）岡田知弘『「自治体消滅」論を超えて』自治体研究社、2014年12月。
（16）徳野貞雄編著『暮らしの視点からの地方再生』九州大学出版会、2015年。
（17）山下祐介『地方消滅の罠』筑摩書房、2014年12月、247〜248頁。
（18）小田切徳美『農山村再生』岩波書店、2009年、小田切徳美編著『農山村再生の実践』農山漁村文化協会、2011年、小田切徳美編著『農山村再生に挑む』岩波書店、2013年、同編著『地域再生のフロンティア』農山漁村文化協会、2013年など。
（19）小田切徳美『農山村は消滅しない』岩波書店、2014年12月、240頁。

第3章

過疎地域に関する近年の研究動向

加唐島の丘の上の畑に向かう地下足袋姿の元気な高齢者

今も半農半漁の姿をとどめる加唐島

1. はじめに

　過疎問題とは、具体的には主に農山村・離島・漁村の問題であるため、離島・島嶼問題の研究において、過疎問題の研究を参照することは重要であり、むしろ不可欠な要素である。ところで、過疎問題に関する研究は膨大な量にのぼる。それは、そもそも日本の過疎問題が1960年代の高度経済成長期から始まり、その後内容の変化を伴いながらも、長年続き、今日まで根本的に解決されずにきたため、その時々の諸現象に対してそれぞれ研究・対応されてきたためである。しかし、本書は、これらのこれまでの過疎問題研究のすべての、あるいはその中の主要なものを取り上げること自体を目的としていない。

　著者は、過疎問題研究において2014年は1つの画期だと理解している。そこで、本書では、2014年の過疎問題に関わる主な研究の中で、著者が離島・島嶼研究を行う上で参考となった研究に限定して取り上げることとした。したがって、取り上げた研究業績は決して多くない。その結果、近年の過疎問題研究の中で重要であり、本書においても取り上げるべき業績が漏れている可能性はあるが、その点はご容赦願いたい。

2. 限界集落論（大野晃氏）

(1)「限界集落」論

　近年の過疎問題研究の原点ないし画期は大野晃氏の「限界集落論」にあったと考えられる。大野氏は四国の山間地域を中心とする長年の過疎山村の実態調査から1980年代に「限界集落」という概念を析出し、合わせて「こうした限界集落の動きは消滅集落への"一里塚"を示すに他ならず、ここに集落崩壊の危機的状況をみることができる」[1]と、過疎山村の将来に危惧を抱いた。このような大野氏の指摘は右記の図3-1に良く示されている。

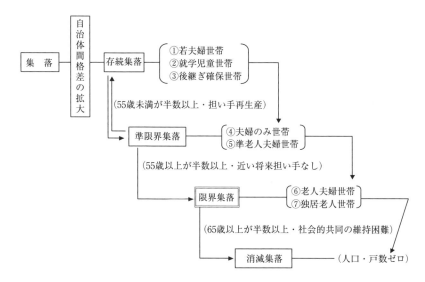

図3-1　大野晃の示す集落間変動図

資料：大野晃『山村環境社会学序説』農山漁村文化協会、2005年、10頁の第0-1図の一部を転用。

（2）2030年における人口と高齢化の予測

　合わせて、大野氏は国立社会保障・人口問題研究所が1960年国勢調査と2000年のそれを基に推計した2030年の数値を都道府県別および市町村別に再整理したデータを提示して、上記「限界集落」ないし「限界自治体」[2]の地域分布を検討している[3]。

　それによると、「1960年から2000年までの人口増加期では大都市圏の人口急増の対極に位置する農業県の人口減少と高齢化の進行が顕著に現れている」[4]とし、この間、人口規模200万人が人口増減の分岐点となり、2000年に人口が100万人から200万人規模の20県のうち8県で人口が減少し、100万人規模の7県中4県で人口が減少したことを指摘した。そして、この4県のなかには本書の対象地域である佐賀県も入っている。

　他方、2030年に「限界自治体」化すると推測された市町村が現れる県の数

が7割近い32県にのぼっている⁽⁵⁾。また、その中で「限界自治体」化すると推測された全国の144市町村の中には、奥尻町（北海道）、利尻富士町（同）、粟島浦町（新潟県）、海士町（島根県）、知夫村（同）、宮島町（広島県）、魚島村（愛媛県）、中島町（同）、大島村（福岡県）、伊王島町（長崎県）、大島村（同）、小値賀町（同）、奈留町（同）、奈良尾町（同）、御所浦町（同）、姫島村（大分県）、上甑村（鹿児島県）といった17の島の町村が含まれていること、すなわち過疎化し「限界自治体」化の危惧のある自治体として本土の農山村だけでなく離島も存在することを忘れてはならないことを確認しておきたい。

なお、九州・沖縄8県中2030年に「限界自治体」が出現しない県は佐賀県のみとなっているが、これは市町村自治体を単位としてのくくりでの考察の一結果であり、決して小地域や集落を対象としたものではないことに注意する必要がある。したがって、この一結果をもって佐賀県が決して「限界集落」化の埒外にあるなどとは決して結論付けられないし、むしろ今後は市町村単位よりも小さな字区といった地域や集落単位のきめ細かなデータ分析・考察および現地実態調査を行うという課題が残されている。

以上の事柄を概観すると、大野氏の将来動向の把握や指摘には、上記の日本創成会議の人口予測と基本的に共通するものを感じる。

（3）提言

以上のような実態認識と将来予測を基に、これらの問題にどのように対応・対抗すべきかについて大野氏は、1つは上記（1）の図3-1のように、「限界集落」化する前の「準限界集落」の段階では「存続集落」に再生する可能性は存在するとし、その再生の条件は「人間が生きていくための『ライフ・ミニマム』」⁽⁶⁾の確保であることをほのめかしている。しかし、残念ながらその具体的な内容にまでは言及していない。もう1つは、「そのためには過疎法に加えて、グローバリズムを踏まえた新法こそ必要だ」⁽⁷⁾と述べていた。この大野氏の指摘は2008年のものだから、上記の2014年の日本創成会議のレ

ポートを契機にした「まち・ひと・しごと創生法」とは無関係のように見られるが、基本的な流れという観点からは、少子高齢化対策としての法案づくりの方向という共通点において、本法の出現のさらにさかのぼったルーツの1つとして上記の大野氏の指摘があったと見ることができる。

3．これまでの「消滅集落」否定・これからの集落消滅危惧論
　　　　　　　（山下祐介氏）

　本項では、上記第2章3．の「消滅可能性都市」（増田レポート）批判の山下祐介氏の主張と重複しないよう、それ以前の「限界集落論」（大野晃氏）批判の山下祐介氏の主張に限って取り上げる。

(1) これまでの高齢化起因の集落消滅を否定（「限界集落論」批判）

　山下氏は、上述の大野氏の指摘した「限界集落」の典型地域での検証調査を行った結果、2000年代以降に消滅した集落の実態は炭鉱やダム開発地や戦後開拓地における関係集落の撤退＝消滅というものであり、「限界集落」の多くは現在でも「みな、まだ健在」であり、「高齢化→集落の限界→消滅が進行した事例はない」[8]と言い切り、大野氏の「限界集落」→「消滅集落」シナリオは誤っていたことを主張した。そして、山下氏は、たしかに「限界集落」には独居老人が多く、一見さびしく見えるが、近くに住んでいる子弟はたびたび帰省するし、これまでは「遠くに住んでいても盆と正月は帰ってくる」[9]ため、高齢者の「いまの生活は豊かで困ることなど何もないと言ってよい」[10]とむしろ見ている。

(2) 集落消滅の主要因＝「少子化・人口減」：2010年代の集落消滅危惧論

　しかし、これまでは上述のように「限界集落健在なり」と理解・評価した山下氏も、同時に、「戸数が減少した、極端に小規模の集落も現れている。

子供のいない集落さえある。いまいる人々がいなくなったら終わるのではないか。そんなあきらめが始まっている地域もある。このこともまた事実である」と見ている。したがって、「過疎集落はいま、将来に向けて、存続しうるとも存続しえないとも、どちらとも言い難い状態にある」[11]と危惧する。そして、大野氏の指摘により「高齢化」が注目されるが、しかし「高齢化率が高い集落よりもむしろ子供の数の少ない集落の方が、直接的には最も持続可能性に問題のある集落」[12]であるとし、近未来の転換点における集落の「消滅」の可能性をほのめかしている。そして、その転換点が昭和1桁世代が引退を始めた2010年代であると指摘する。すなわち、今まさにその転換点の真只中にあるのである。

4．集落撤退（「集落移転」）論（林直樹氏・齋藤晋氏ら）

また、別の考えかたとして、過疎集落の将来方向の選択肢の1つとして「撤退」（「集落移転」）を「積極的」に位置付けて提示する見解がある。このような見解をまとめたものが林直樹・齋藤晋編著『撤退の農村計画』（学芸出版社、2010年）である。その概要は次のとおりである。

（1）「消極的な撤退」

林氏らは、たしかに、若い世帯の農村移住や定年帰農や二地域住居などによって過疎集落を維持していく方法が正攻法ではあるが、しかし若い世帯の農村移住は「非常に少数にとどまるといわざるをえない」[13]こと、また定年帰農も農業開始資金・年齢・高齢者の農作業の危険度などが「壁」となって、「定年後の移住による人口増加はあまり期待できない」[14]こと、さらに二地域住居も経費・税金等の理由から、関係世論調査によると、「実践している人の割合は、0.8％であり、非常に少ない」ため、「局地的な戦術としては効果的であるが、『全体を救うものとなりえない』」[15]ことから、いずれも「非力」で「限界」を持ち、過疎集落の衰退を食い止めることは困難で

あり、「長期的に考えれば、守ることができないところのほうが多数派になるであろう」[16]と見ている。そして、こうして集落が消滅していくことを林氏らは「消極的な撤退」と呼んでいる[17]。

（２）「積極的な撤退」

このような「消極的な撤退」を望む人は誰もいない。しかし、この「消極的な撤退」では、最優先すべき喫緊の「この先、定住が不可能になる高齢者」で、なおかつ「生活の心配がないところへの移住が不可能な高齢者」が「生死にも関わる深刻な問題」を抱えることになる。そこで、このような高齢者の多い集落をそのままにせず、新たなところに移転（「集落移転」）させようという考え方が「積極的な撤退」論である。

なお、このような考え方においては、「ポイントは、『定住を希望するか・しないか』ではな」く、「ポイントの１つ目は、『この先、定住が可能か・不可能になるか』であ」り、「ポイントの２つ目は、『生活の心配がないところへの移住が可能か・不可能か』である」[18]という点に優先順位が置かれていることが特徴である。

（３）「積極的な撤退」のラフスケッチ[19]

また、「集落移転」の判断時期、移転先、移転の形態、移転先に必要なもの、移転決定の際の担い手、移転プロセス・期間として以下のようなことが考えられている。判断時期については、「集落移転にはかなりの年数がかかる。よって、とにかく迅速な決断が必要だ」[20]と言う。移転先としては、「バスは病気の高齢者にやさしい乗り物とはいえない」のに対し、「鉄道は高齢者の長距離移動の頼もしい見方である」[21]ため、「鉄道によって中規模以上の都市とつながっている地方小都市」[22]が望ましいと言う。移転の形態としては、「個別に離村するのではなく、中越地震の仮設住宅における『コミュニティ入居』のように、地域の結びつきを残したまま新しい土地へ移転する方法（積極的な撤退における集落移転）が有効である」[23]と、「コミ

ュニティ転居」を推奨している。そしてその際、移転先に家庭菜園を確保することも不可欠としている。それは、「過疎集落に住む高齢者にとって、自給のための農業は食糧確保の手段であり、同時に健康づくりの手段でもある。…また、菜園は近所とのコミュニケーションの場でもある」[24]からであるとしている。また、「集落移転」の合意形成に際して、集落メンバー以外に、1人で1～2集落を担当する「集落密着型」の「集落サポーター」と、1人で10～15集落を担当する「集落診断士」の必要性を提起している。なお、「集落診断士」は「原則として都市部で情報を集めて、…アドバイスする」ため、「都市部に住むほうが有利である」[25]と考えている。

5. 超「限界集落」・生活構造変容論（徳野貞雄氏）

(1)「限界集落論」批判

徳野貞雄氏は大野氏の「限界集落論」が本人の意図を越えて一人歩きし「社会化され」た状況に対して、以下の3点から批判がなされていると言う。1つは、その用語が対象地域にマイナスイメージを与え、「住民の生きる意欲を失わせる」という点である。2点目は、これまでの消滅集落の多くは鉱山閉山、発電所・ダム開発による移転、戦後開拓の撤退等によるものであり、大野氏の言うような高齢化要因での消滅集落は実際は少数であるという指摘である。そして3点目は、大野氏の指摘する高齢化→集落消滅のプロセスの検証の不明瞭性や漠然的傾向性の指摘に対し、集落の変動への影響においては高齢化よりもむしろ少子化要因が大きいのではないかという、「限界集落」の消滅化の因果関係にかかわる学術的批判である[26]。そして、徳野氏も大野氏の「限界集落論」をそのように理解していると見られる。

(2)「他出子」の生活サポートによる高齢者の生活安定化・集落維持

大野氏の言う「限界集落」の大半が実際は「消滅」せずにこれまでしぶとく維持・存続されてきた主要な要因として徳野氏は、実家から流出してもな

おふるさと意識を持つ「他出子」による実家への多様な生活サポート機能の発揮を挙げ、また車社会化した「修正拡大集落」の範囲での広域的で多様なネットワークの形成がそれを後押ししていると見ている。そして、このような「他出子」の動向に注目するのが徳野氏の「生活構造論」の特徴と言える。いわば、「他出子」が徳野氏の「生活構造論」のキーワードの1つとなっている。

(3)「集落存続」型モデルの提起と実践

次いで、徳野氏が熊本県での実践を通して、今後消滅しそうな集落に対する対応として3つの選択肢を挙げ、同時に3つの計画を示した点が興味深い。すなわち、徳野氏は、基本的選択肢として、①老衰型集落化＝自然消滅、②全面移転、③維持・存続＝30〜40代の「中核型世帯」の導入＋他出子サポート（小学校復活）の3つの方向性を提示し、集落のメンバーに選択してもらうと言う[27]。

その中で、③を目指すとした場合、そのプロセスとして短期・中期・長期の3つの段階的計画が考えられると言う。長期計画は「人口・世帯が減少しても、住民が安定的に生活していける仕組みづくり」[28]である。中期計画は、ほとんどが小・中学生を持つ「30代・40代を軸とする中核世帯」[29]を確保・拡充する方策である。このような中核世帯が確保できれば、小学校が復校することになることから、この点が中期計画達成のいわばシンボル的現象となると位置付ける。そして、中期計画への具体的事業計画が短期計画である。その具体的内容として徳野氏は、①「福祉によるムラづくり」、②「ソーシャルワークのプロ」の導入と小学校の復校、③他出世帯のUターン促進と二地点居住構想の3つの計画を提示している[30]。

(4) 九州・沖縄の離島における高出生率

そして、最後に徳野氏は、鹿児島県・沖縄県・長崎県等の九州・沖縄の過疎・離島における合計特殊出生率が高い理由として、沖永良部島（鹿児島県）

の生活構造分析から、「離島であることの空間的緊密性と、歴史的に近代化による社会関係の解体がそれほど進んでいないことが、…社会的統合力を高めて」いることを基盤に、「生活課題の処理に多くの人間関係資源を活用でき、住みやすさと楽しさを体感できる地域社会」[31]となっているために、多くの若者がUターンした結果であることを検証している。

この点は、本書の対象が離島地域であることから特に注目に値する事柄である。かくして、この点は本書で取り上げる玄界灘沿岸離島ではどうなのか、という論点となって本書での議論に引き継がれることとなる。

6．集落補完型新コミュニティ形成「農山村再生」論（小田切徳美氏）

本項では、上記第2章3．の「消滅可能性都市」（増田レポート）批判の小田切徳美氏の主張と重複しないよう、それ以前の「限界集落」（大野晃氏）批判の小田切徳美氏の主張に限って取り上げる。

（1）農山村の空洞化―「限界集落」の用語批判―

主に高齢化と平成の市町村大合併の割合が高い西日本の実態調査から、上記の山下祐介氏の指摘とは若干異なり、「高齢化による集落の消滅事例は現に存在して」[32]いるという実態認識を持ち、このような厳しい現実の集落の再生問題に長年、組織的に取り組んできたのが小田切徳美氏である。小田切氏はまず、一方では、大野氏の定義する「限界集落」の特定集落・自治体への命名・使用が現場に違和感等の悪影響をもたらす側面から問題を持つ点を指摘・批判しつつも、マクロ的な分析・把握においては有効だとして括弧付きで「限界集落」と使用しつつ、農山村の空洞化がヒト→土地→ムラの順で進行し、ひいては最終的に、そこに住むことに対する「誇りの空洞化」に至る実態とプロセスを把握・整理している。

（2）「手づくり自治区」としての集落補完型新コミュニティ形成

　では、こうした高齢化地域の再生のためにどのような方法が考えられるか。小田切氏は広島県旧高宮町（現安芸高田市）の川根振興協議会や山口県山口市仁保地域開発協議会の取組事例[33]をモデルに、従来の集落基盤の地域組織とは異なる100〜400世帯くらいの「面識集団」の範囲での新たなコミュニティ組織の立ち上げによる「地域再生」の必要性を提起している。そして、このコミュニティ組織の性格として小田切氏は、①産業振興、福祉、防災、伝統文化保全に及ぶ活動内容の総合性、②自治組織であると同時に経済組織でもあること、③農村集落に代替するのではなく補完する組織であること、および④女性・若者等による「革新性」の発揮、という4点を挙げている[34]。同時に、財政の確保と法人化問題が課題だとされている[35]。

（3）政策的支援の必要性

　小田切氏は上記の取組を各種・多様な「内発的発展」の方向と位置付けて特に重要視するが、合わせて根本的な地域的「格差是正」に向けた公的な対応の必要性も説く。すなわち、「限界集落」再生の対策のポイントとして氏は、もう1つ、平成の大合併が「限界集落」形成の後押しをした政策的弊害から、他方、「限界集落」の再生において中山間地域等直接支払制度が示唆的だったとし、行政の外からの「まなざし」「目配り」の必要性を指摘し、現在国政において開始された「集落支援員」や「地域おこし協力隊」の制度等に基づく各種「地域サポート人」の動向に注目し、その充実化を求めている[36]。

7．まとめと本書の課題

　近年における過疎＝「限界集落」問題に関する主な研究は上述の5つに限られたものではなく、多数にのぼるし、また、その中で離島・島嶼問題に言及するものも少なくない。しかし、本書でそれら全てを取り上げることは不

可能なため、著者の問題意識の範囲での考察に限らざるを得なかったことをご了解いただきたい。

しかし、上記の取りまとめでも分かるように、過疎地域の中で、離島を正面から取り上げる研究は極めて少ない。むしろ、著者は寡聞にして聞かない。もちろん、離島・島嶼を対象とした研究やエッセイ等は決して少ないわけではない。むしろ、今日、離島・島嶼問題は多様に取り上げられ、離島・島嶼に関する論考や書籍は極めて多いと言える。そして、その多くは、改めて離島・島嶼の多様性を検証し、新たな価値を見出しているものである。それは、従来、離島・島嶼がもっぱら「遠隔地」「辺境」「条件不利」といったマイナス面から取り上げられることが多かったことへの反省でもあり、今日では、上述のように「独自性」「多様性」といった点からその新たな価値や魅力を伝えるものが多い。

そのため、むしろ逆に、過疎問題=「限界集落」問題として離島・島嶼問題を真正面から取り上げるものが少なくなってしまったと見られる。しかし、過疎=「限界集落」問題は近未来の差し迫った問題だという山下氏や小田切氏の指摘のように、今こそ喫緊の社会問題化している実態にある。そして、離島・島嶼問題もその一端を占めることとなった。

ところで、離島・島嶼地域における過疎・「限界集落」問題は本土の農山村・漁村の過疎・「限界集落」問題に一元化・還元できる問題ではない。それは、離島・島嶼地域が「孤立性」「隔絶性」「環海性」という特徴を持っているからである。いまだに、このような3条件との関連で過疎・「限界集落」問題を取り上げる課題が残されているのである。そのため、本書は、以上のような一般の農山村・漁村にはない離島・島嶼が独自に持つ「孤立性」「隔絶性」「環海性」が過疎問題=「限界集落」問題といかに関わっているかを実証的に検討することを課題とする。

【注】
(1) 大野晃『山村環境社会学序説』農山漁村文化協会、2005年、107頁。

（2）上掲書、24頁。
（3）大野晃『限界集落と地域再生』南九州新聞社、2008年、145～265頁。
（4）上掲書、147頁。
（5）大野晃『山村環境社会学序説』農山漁村文化協会、2005年、17頁の第0-4表にまとめられている。
（6）大野晃『限界集落と地域再生』南九州新聞社、2008年、117頁。
（7）上掲書、274頁。
（8）山下祐介『限界集落の真実』筑摩書房、2012年、31頁。
（9）上掲書、187頁。
（10）上掲書、49頁。
（11）上掲書、100頁。
（12）上掲書、120頁。
（13）林直樹・齋藤晋『撤退の農村計画』学芸出版社、2010年、60頁。
（14）上掲書、67頁。
（15）上掲書、71頁。
（16）上掲書、74頁。
（17）上掲書、53頁。
（18）上掲書、26頁。
（19）上掲書の第5章と第6章を参照。
（20）上掲書、114頁。
（21）上掲書、104頁。
（22）上掲書、105頁。
（23）上掲書、87頁。
（24）上掲書、106～107頁。
（25）上掲書、171～172頁。
（26）徳野貞雄・柏尾珠紀『家族・集落・女性の底力』農山漁村文化協会、2014年、15～16頁。
（27）上掲書、47～48頁。
（28）上掲書、99頁の図。
（29）上掲書、99頁。
（30）上掲書、100～110頁。
（31）上掲書、214頁。
（32）小田切徳美「集落再生と『地域サポート人』」『農業と経済』2013年1・2月合併号、47頁。
（33）前者は小田切徳美『農山村再生』岩波書店、2009年で、後者は小田切徳美・藤山浩編著『地域再生のフロンティア』農山漁村文化協会、2014年の第2章で取り上げている。

(34) 小田切徳美『農山村再生』岩波書店、2009年、25～28頁。
(35) 上掲書、29～30頁。
(36) 上掲『農業と経済』46～58頁。

第Ⅱ部

玄海諸島の概要

―統計分析―

第4章

玄海諸島の特徴

松島の美しいカトリック教会

松島の遊漁船

1. 玄海諸島は日本の島嶼（離島）の縮図

（1）日本における有人島の位置

　日本の有人離島（島嶼）に関する統計データは日本離島センターが作成管理しているが、その全体像を整理したのが**表4-1**である。この表から以下の諸点が指摘できる。

　離島関連4法に指定された有人離島数だけでなく、関連法には指定されていない有人離島数もともに減少してきている。その主要な理由は、有人島の無人島化と架橋による法律指定除外（本土化ないし半島化）である。こうして、2011年現在、日本の有人島数は法指定島数が307島で法非指定島数が25島の計332島となっている。

表4-1　日本全国における有人島の面積・人口・世帯数の推移と位置

		1985	1990	1995	2000	2005	2010	2011
有人島数（島）	法律指定	340	334	330	315	313	309	307
	法律指定外	31	34	32	28	28	25	25
	計	371	368	362	343	341	334	332
面積（km²）	法律指定	7,850.78	7,795.30	7,766.40	7,588.49	7,568.55	7,527.49	7,525.29
	法律指定外	436.24	268.71	237.59	229.01	229.04	223.56	223.56
	計	8,287.02	8,064.01	8,003.99	7,817.50	7,797.59	7,751.05	7,748.85
世帯数（戸）	法律指定	313,097	304,058	301,429	286,690	283,588	272,261	271,939
	法律指定外	30,613	22,445	18,625	16,518	16,674	15,557	15,557
	計	343,710	326,503	320,054	303,208	300,262	287,818	287,496
人口（人）	法律指定	955,309	878,516	814,982	737,083	692,336	636,811	636,095
	法律指定外	98,435	66,904	51,971	43,710	40,441	37,101	37,101
	計	1,053,744	945,420	866,953	780,793	732,777	673,912	673,196
全国データ	面積（km²）	377,801.14	377,737.11	377,829.41	377,873.06	377,873.06	377,950.10	377,950.10
	世帯数（戸）	38,133,297	41,035,777	44,107,856	47,062,743	49,566,305	51,950,504	51,950,504
	人口（人）	121,048,923	123,611,167	125,570,246	126,925,843	127,767,994	128,057,352	128,057,352
有人島の占める割合（％）	面積	2.19	2.13	2.12	2.07	2.06	2.05	2.05
	世帯数	0.90	0.80	0.73	0.64	0.61	0.55	0.55
	人口	0.87	0.76	0.69	0.62	0.57	0.53	0.53

資料：『離島統計年報』日本離島センター。原資料は2012年のみ住民基本台帳、それ以外は国勢調査。ただし2011年の全国のデータは2010年のデータを借用。

注：法律とは離島振興法、小笠原諸島振興開発特別措置法、奄美群島振興開発特別措置法、沖縄振興開発特別措置法の4法律。

そして、このような有人島数の減少に伴って、その面積・世帯数・人口もともに減少してきている。それらの占める割合（対全国シェア）を1985年と2011年とで比較してみると、面積は2.2％が2.0％になっただけで大きな変化は見られないが、他方、世帯数では0.9％が0.6％へと3分の2に、また人口も0.9％から0.5％へとほぼ3分の2に低下してきており、人口密度の低下、すなわち過疎化が進んだことが確認される。

（2）佐賀県「玄海諸島」の位置―玄海諸島は日本の島嶼（離島）の縮図―

　佐賀県内には2015年現在、離島振興法で指定された有人島が7つ存在する。1988年まではもう1つ、すなわち全部で8島あったが、その島は同年に架橋され、同時に離島振興法指定から外れたため、1989年以降、佐賀県の有人島数は7つとなっている。そして、これらの佐賀県の島々は「玄海諸島」と呼ばれているため、本書でもこの名称を使用する。そして、これら玄海諸島が本書の研究対象地域であることは言うまでもない。

　そこでまず、**表4-2**にこれら玄海諸島の概要を示すデータを掲載した。面積は大きいものでも4km^2、小さいものは0.3km^{2}であり、小面積の島嶼ばかりである。また、戸数においても多くて178戸と現在では200戸を下回っており、少ない島は20戸台と極めて少ない。同様に、人口も多くても400余人で、少ない島は100人を切り50人台にまで減少してきている。こうして、玄海諸島は全体として、人口が少なく、面積も小さい小規模・小面積の「小島」ばかりであると言えるが、ただ、人口で400人前後の島が3つ、200人台の島が1つ、100人台の島が1つ、50～60人台の島が2つと、7島内では比較的格差が大きく、また世帯数も150戸前後の島が3つ、120戸台の島が1つ、70戸台の島が1つ、20戸台の極めて小さい島が2つと、格差の存在が無視できず、決して同一的ではなく多様性を持っていると推測される。その具体像へのアプローチは第Ⅲ部に譲る。

　さて次に、このような7つの玄海諸島の佐賀県内における全体的な位置付けを確認しておこう。

表 4-2　玄海諸島の面積・世帯数・人口の推移と位置

		1985	1990	1995	2000	2005	2010	2015
面積 (km²)	高島	0.62	0.62	0.62	0.62	0.62	0.62	0.62
	神集島	1.42	1.42	1.42	1.42	1.41	1.41	1.41
	小川島	0.92	0.92	0.92	0.92	0.92	0.92	0.92
	加唐島	2.81	2.81	2.81	2.81	2.83	2.84	2.84
	松島	0.63	0.63	0.63	0.63	0.63	0.63	0.63
	馬渡島	4.13	4.13	4.13	4.13	4.22	4.24	4.24
	向島	0.30	0.30	0.30	0.30	0.30	0.30	0.30
	計	10.83	10.83	10.83	10.83	10.93	10.96	10.96
世帯数 (戸)	高島	141	138	132	130	130	119	128
	神集島	215	218	206	195	181	169	178
	小川島	216	202	179	171	167	157	156
	加唐島	91	85	85	80	81	76	70
	松島	29	22	22	26	28	25	22
	馬渡島	192	181	181	184	175	166	161
	向島	37	38	38	32	30	22	22
	計	921	884	843	818	792	734	737
人口 (人)	高島	499	465	402	368	346	306	267
	神集島	830	817	711	597	495	421	378
	小川島	858	777	724	575	476	426	404
	加唐島	350	304	249	217	208	184	155
	松島	67	53	64	92	88	64	57
	馬渡島	706	635	620	601	494	437	387
	向島	145	148	131	95	90	72	64
	計	3,455	3,199	2,901	2,545	2,197	1,910	1,712
佐賀県	面積 (km²)	2,433.39	2,438.76	2,438.95	2,439.23	2,439.58	2,439.65	2,439.65
	世帯数 (戸)	242,619	251,225	267,862	278,306	287,431	295,038	303,848
	人口 (人)	880,013	877,851	884,316	876,654	866,369	849,788	830,065
新唐津市＋玄海町	面積 (km²)	523.68	522.93	523.04	523.14	523.45	523.49	523.49
	世帯数 (戸)	41,615	42,253	44,081	44,419	45,354	45,610	51,938
	人口 (人)	149,679	147,403	145,173	141,130	137,854	133,305	132,889
佐賀県における玄海諸島の割合	面積	0.45	0.44	0.44	0.44	0.45	0.45	0.45
	世帯数	0.38	0.35	0.31	0.29	0.28	0.25	0.24
	人口	0.39	0.36	0.33	0.29	0.25	0.22	0.21
新唐津市＋玄海町における玄海諸島の割合	面積	**2.07**	**2.07**	**2.07**	**2.07**	**2.09**	**2.09**	**2.09**
	世帯数	2.21	2.09	1.91	1.84	1.75	1.61	1.42
	人口	2.31	2.17	2.00	1.80	1.59	1.43	1.29

資料：『離島統計年報』日本離島センター。原資は 2015 年は住民基本台帳、それ以外は国勢調査。ただし 2015 年の面積は 2010 年データを借用。

第4章 玄海諸島の特徴 47

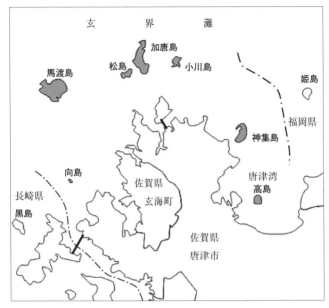

図4-1　玄海諸島の位置図

　玄海諸島の位置付けとしては、まず形式的にはたしかに佐賀県を単位に県域で考えることが可能である。そして、その場合は、面積・世帯数・人口の対県割合（シェア）はともに0.2～0.4％とかなり低い数字となっている。しかし、実際問題として、玄海諸島の日常的な生活圏としての範域は旧唐津市と旧東松浦郡、すなわち合併後の新唐津市と玄海町の範域であると考えられることから、**図4-1**では必ずしも明確ではないが、**表4-2**に示したように、この範域での面積・世帯数・人口の割合を見てみると、2015年でそれぞれ2.1％、1.4％、1.3％となる。これらは前出の全国の数値と対比して、面積では全国平均とほぼ類似しているし、世帯数と人口では全国平均を若干上回ってはいるが、1％前後という点でほぼ同水準と言うことが可能であろう。

　こうして、玄海諸島は、それらが日常的な生活圏と考えられる旧唐津市および旧東松浦郡（新唐津市＋玄海町）の範域内において、面積・世帯数・人口の割合の点から見て、日本の有人島とほぼ類似の数値を示していることか

ら、日本の有人島の縮図的な存在形態を有していると言うことができよう。したがって、この点から、佐賀県の玄海諸島に関する研究は日本の離島問題の全体像へのアプローチにおいて、有利な条件を有していると見られる。

2．玄海諸島に関する既存の見聞録・研究報告書

(1) 訪問者・島関係者の見聞録等

　本書の玄海諸島研究においてまず参照した見聞録や小説として、椎名誠氏、本木修次氏、秋山忠嗣氏のものがある。

　椎名誠氏は、加唐小学校の5年生たちが国語の教科書に載った椎名氏の小説を読んで感想文を贈ってくれたため、小学生たちに会うために2001年3月に加唐島を訪れたが、その時の様子を写真入りで書き残している[1]。その内容はほほえましいものだが、主に島内回遊記録、加唐小中学生との交流、民宿の様子などである。なお、本書第Ⅲ部第9章での加唐島の2010年調査時点との違いとして、まだ人口が200人を超えていたこと、商店がまだ2軒あったこと、民宿が開店したばかりであったことを確認することに役立った。

　また、1989年に日本の全有人島の踏査を達成したと言う本木修次氏は、ハート出版等から多数の島見聞録を公刊しているが、たとえば『小さな離島に行こう』[2]には松島への、『小さい島の分校めぐり』[3]には同じく松島ともう1つ向島への訪問記を掲載しており、それらは古き良き玄海諸島の歴史的様子や休校直前の小学校松島分校の実情を描いており、玄海諸島の歴史展開の研究において参考になるものである。関連して、椎名誠編著『でっかい旅なのだ』(新潮社、2001年)に載っている椎名誠氏との対談録で木本氏が「何度も行きたい島ベスト3」[4]の1つとして玄海諸島の松島を挙げていることが印象深い。松島をベスト3に挙げている理由として本木氏は、「ここは十年ほど前の人口は60人、今年(2001年)は92人。……ここも学校が復活した島です。UターンやIターンで、人口が増えてきているということなんですね。連絡船も二便だったのが三便になった。今の世の中で、島に人口が増

えるというのはすごいです」と述べ、またその基礎となった産業や生活について「ほそぼそとした漁業をやっているだけです。……観光的にもスポットが当たらないけれど、むしろそういうところだから、心の収穫ができる。行くだけで気持ちが豊かになる、そういう島だと思います」[5]と付け加えている。

　さらに、秋山忠嗣氏の著書『最後の小学校』（講談社、2012年）は、2012年3月に休校になった向島の小学校の分校（唐津市立入野小学校向島分校）の最後の2011年度の1年間の小学6年生1人の学校生活を中心に向島の様子も織り交ぜて記録した担当教諭から見たノンフィクション的小説である。一過性の見聞録とは異なり、島民の日常生活や意識の側面まで深く描いた貴重な記録である。

　その他、テレビでの放映等も少なからずあったが、省略したい。

(2) 大学・高校等による調査研究報告書

　他方、大学や高等学校の地理学研究グループによる玄海諸島のいくつかの島々でのフィールドワークの記録も参考となる。なかでも、関西学院大学地理研究会による馬渡島[6]と神集島[7]と小川島[8]での詳細な調査研究記録が参考となった。また、福岡県立戸畑中央高等学校の地理研究グループも小川島での貴重な調査研究結果を残している[9]。そこで、本書も第Ⅲ部の事例研究の関係個所においてこれらの資料を参照・利用した。

　また、財団法人地方自治研究機構が14人の関係者を糾合して行ったプロジェクト研究報告書『玄海地域離島産業活性化方策調査』（1997年）は主に産業振興をテーマにしたものだが、玄海諸島に関する詳細かつ総合的な取りまとめとなっており、その現状把握と問題点指摘において大変参考となる。本報告書はA4判145頁の分量を擁し、7章構成となっている。その内容を簡単に要約すると、まず目的は観光・交流を軸にした産業振興の可能性の究明である。第1章「地域特性と既定計画」では玄海諸島の地理的・経済的・社会的位置付けを行い、また各島の特徴を整理し、第2章「地域資源の分析」で

は各島の自然・歴史・文化・産業面の特徴的事例をリストアップし、第3章「産業市場の分析」ではマーケティングの観点から観光・交流を軸に玄海諸島の市場構造を分析している。そのうえで第4章「担い手などの分析」では各島の地域づくりの主体を確認し、第5章「地域資源などを活用した産業振興の課題」では玄海諸島全体と各島の地域資源活用方策を提示し、第6章「島の産業活性化の方策」では島別の活性化イメージを提示し、第7章「活性化方策推進の考え方」は第6章を補足する内容となっている。そして、唐津市（離島振興課（現・地域振興課））はその後、本報告書を基に、中でも第6章の各島のイメージを前面に押し出した振興策を策定し推進してきている。なお、本報告書から、韓国・中国等との交流の観点や、市場戦略地域として島内と隣接の唐津市本土と福岡大都市圏の3つがあること、また九州自動車道の開通等による人の流れの変化等を勘案する必要性なども学ぶことができる。また、玄海諸島の地域問題は東松浦半島と一体的に理解すべきことや、玄海諸島に共通する問題と各島独自の問題との整理の必要性の指摘も参考となった。

【注】
（1）椎名誠『風のかなたのひみつ島』新潮社、2005年、163～187頁。
（2）本木修次『小さな離島に行こう』ハート出版、1995年、140～144頁。
（3）本木修次『小さい島の分校めぐり』ハート出版、1998年、65～70頁。
（4）椎名誠編著『でっかい旅なのだ』新潮社、2001年、85頁。
（5）上掲書、87頁。
（6）松尾和男編『馬渡島』関西学院大学地理研究会、1974年。
（7）淡路哲也・沖野三郎編『神集島』関西学院大学地理研究会、1985年。
（8）『小川島』関西学院大学文化総部地理研究会、1991年。
（9）深野敏一編『小川島〔上〕』福岡県立戸畑中央高等学校の地理研究、1973年。

第5章

玄海諸島の性格

馬渡島漁港

捕らわれた馬渡島の野生の山羊

1. 人口・世帯数の減少と高齢化の進展

(1) 人口・世帯数の減少

　玄海諸島7島それぞれの人口と世帯数の推移は以下の図と表のとおりである。**図5-1**から多くの島において人口が一方的に激減している様子が確認できる。なかでも、かつて比較的人口が多かった神集島・小川島・馬渡島の人口の激減ぶりが目立つ。7島の中では人口が中規模の高島と加唐島でも同様に一直線的に人口が激減した。また、7島の中では人口が少ない向島と松島でも穏やかながら傾向的には人口が減少した。しかし、そのなかで松島では1990年代に人口の回復傾向が見られた。この点だけは他の6島と異なる現象であった。そこで、その内容については第Ⅲ部の関係箇所で述べたい。

　他方、世帯数の推移については、**図5-2**に見られるように、どの島でも一

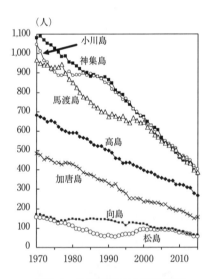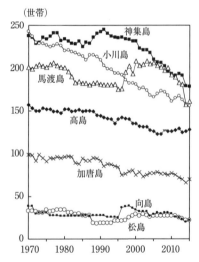

図5-1　玄海諸島の人口の推移　　　図5-2　玄海諸島の世帯数の推移

資料：『離島統計年報』日本離島センター。　　資料：資料：『離島統計年報』日本離島セン
　　　唐津市ホームページ。　　　　　　　　　　　ター。唐津市ホームページ。

第5章 玄海諸島の性格　53

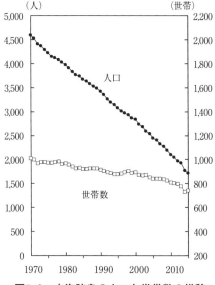

図5-3　玄海諸島の人口と世帯数の推移

資料：『離島統計年報』日本離島センター。
　　　唐津市ホームページ。

直線的ではなく波動的にではあるが、長期的には傾向的に減少した。島によっては一時期には世帯数がかなり増えた時期も見られたが、しかしその後の減少はむしろ激しかった。このように、波打って一時期には上昇したが、その後激減した島として、神集島と馬渡島を挙げることができる。他方、松島の世帯数が1990年代に増加したのは、上述のような人口増に伴うものである。なお、向島において1996年に世帯数の増加が見られたのは、第Ⅲ部の関係箇所で述べるように、事務手続き上の要因によるものであり、実際に世帯数が増加したわけではないことを付け加えておきたい。

　以上の各島の動向を総計して7島全体の人口と世帯数の総数の推移を示したのが**図5-3**である。図から、一方での世帯数の波を打った減少傾向と、他方での人口の一直線的な激減傾向を確認することができる。とくに、人口の激減的な推移は驚くべきものと言える。ここに、改めて、玄海諸島全体における急激な過疎化現象を見て取ることができる。

　その結果、2012年に人口が2,000人を下回り、また同年に世帯数も800世帯を切ることとなった。

（2）高齢化の進展

　以下の2つの表に2005年と2010年の全国平均と全国の離島地域および玄海諸島全体と各島の男女別・年齢別の人口構成を示した。この5年間に日本は

第Ⅱ部 玄海諸島の概要

表5-1 玄海諸島島民の年齢別・性別人口構成（2005年）

	性別	実数（人）				割合（％）		
		年少	生産年齢	老年	計	年少	生産年齢	老年
全国民	男	8,971,683	42,210,963	10,874,599	62,057,245	14.5	68.0	17.5
離島（全国）		50,863	199,813	82,949	333,625	15.2	59.9	24.9
玄海諸島（佐賀県7島）		172	610	311	1,093	15.7	55.8	28.5
高島		13	98	42	153	8.5	64.1	27.5
神集島		18	145	76	239	7.5	60.7	31.8
小川島		28	126	68	222	12.6	56.8	30.6
加唐島		21	44	33	98	21.4	44.9	33.7
松島		18	22	14	54	33.3	40.7	25.9
馬渡島		70	142	68	280	25.0	50.7	24.3
向島		4	33	10	47	8.5	70.2	21.3
全国民	女	8,549,551	41,881,451	14,797,406	65,228,408	13.1	64.2	22.7
離島（全国）		48,410	189,574	122,582	360,566	13.4	52.6	34.0
玄海諸島（佐賀県7島）		131	513	460	1,104	11.9	46.5	41.7
高島		24	89	80	193	12.4	46.1	41.5
神集島		13	116	127	256	5.1	45.3	49.6
小川島		32	113	109	254	12.6	44.5	42.9
加唐島		16	52	42	110	14.5	47.3	38.2
松島		9	16	9	34	26.5	47.1	26.5
馬渡島		34	104	76	214	15.9	48.6	35.5
向島		3	23	17	43	7.0	53.5	39.5
全国民	男女計	17,521,234	84,092,414	25,672,005	127,285,653	13.8	66.1	20.2
離島（全国）		99,273	389,387	205,531	694,191	14.3	56.1	29.6
玄海諸島（佐賀県7島）		303	1,123	771	2,197	13.8	51.1	35.1
高島		37	187	122	346	10.7	54.0	35.3
神集島		31	261	203	495	6.3	52.7	41.0
小川島		60	239	177	476	12.6	50.2	37.2
加唐島		37	96	75	208	17.8	46.2	36.1
松島		27	38	23	88	30.7	43.2	26.1
馬渡島		104	246	144	494	21.1	49.8	29.1
向島		7	56	27	90	7.8	62.2	30.0

資料：『2008離島統計年報』日本離島センター、2009年。原資料は2005年国勢調査。
注：年少人口：14歳以下人口、生産年齢人口：15～64歳人口、老齢人口：65歳以上人口。

人口がピークを越え——ただし女性はまだ増加中——初めて減少局面に入ったため、この間に全国の女性数を除きいずれの地域でも人口が減少し、同時に高齢化も進行した。そして、2010年の男女合計の高齢化率は、全国平均（23.0％）よりも全国の離島地域（31.3％）のほうが、また全国の離島地域全体よりも玄海諸島（38.0％）のほうが高くなっており、玄海諸島は全国離島地域の中でも高齢化率が高いため、日本の中でも高齢化が最も進んだ地域の1つと見られる。

表 5-2　玄海諸島島民の年齢別・性別人口構成（2010 年）

	性別	実数（人）				割合（％）		
		年少	生産年齢	老年	計	年少	生産年齢	老年
全国民	男	8,602,329	40,684,202	12,470,412	61,756,943	13.9	65.9	20.2
離島（全国）		43,557	182,734	80,810	307,101	14.2	59.5	26.3
玄海諸島（佐賀県7島）		103	539	289	931	11.1	57.9	31.0
高島		11	87	44	142	7.7	61.3	31.0
神集島		11	117	69	197	5.6	59.4	35.0
小川島		18	113	66	197	9.1	57.4	33.5
加唐島		15	41	27	83	18.1	49.4	32.5
松島		7	22	10	39	17.9	56.4	25.6
馬渡島		41	129	64	234	17.5	55.1	27.4
向島		0	30	9	39	0.0	76.9	23.1
全国民	女	8,201,115	40,347,598	16,775,273	65,323,986	12.6	61.8	25.7
離島（全国）		41,262	169,080	118,290	328,632	12.6	51.4	36.0
玄海諸島（佐賀県7島）		92	451	436	979	9.4	46.1	44.5
高島		13	75	76	164	7.9	45.7	46.3
神集島		10	102	112	224	4.5	45.5	50.0
小川島		25	102	102	229	10.9	44.5	44.5
加唐島		14	43	44	101	13.9	42.6	43.6
松島		4	13	8	25	16.0	52.0	32.0
馬渡島		25	101	77	203	12.3	49.8	37.9
向島		1	15	17	33	3.0	45.5	51.5
全国民	男女計	16,803,444	81,031,800	29,245,685	127,080,929	13.2	63.8	23.0
離島（全国）		84,819	351,814	199,100	635,733	13.3	55.3	31.3
玄海諸島（佐賀県7島）		195	990	725	1,910	10.2	51.8	38.0
高島		24	162	120	306	7.8	52.9	39.2
神集島		21	219	181	421	5.0	52.0	43.0
小川島		43	215	168	426	10.1	50.5	39.4
加唐島		29	84	71	184	15.8	45.7	38.6
松島		11	35	18	64	17.2	54.7	28.1
馬渡島		66	230	141	437	15.1	52.6	32.3
向島		1	45	26	72	1.4	62.5	36.1

資料：『2012 離島統計年報』日本離島センター、2014 年。原資料は 2010 年国勢調査。
注：年少人口：14 歳以下人口、生産年齢人口：15～64 歳人口、老齢人口：65 歳以上人口。

　次いで、表に示した地域や島の中で2005年時点では高齢化率が50％を超える地域はまだなかったが、2010年には玄海諸島の中の神集島と向島の2つの島の女性のそれが50％を超えるに至った。

　こうして、玄海諸島は全国的にも高齢化が進み、今や大野氏の言う「限界集落」に近づいていることを念頭に置いておく必要があろう。

　図5-4は日本全体と全国の離島地域の人口ピラミッドを比較したものである。全国全体においては周知のように団塊世代のみならず、団塊ジュニア世

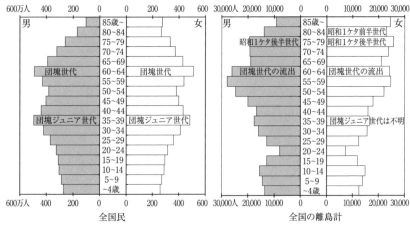

図5-4　2010年の全国民と全国離島地域の人口ピラミッドの比較

資料：『離島統計年報』日本離島センター。原資料は2010年国勢調査。

代の存在も明確に確認できる。それに対して、全国の離島地域においては、全国全体の団塊世代に相当する1947～49年生まれの世代、すなわち2010年に61～63歳に達する人たちが含まれる60～64歳層がそれ以下の55～59歳層よりも少なくなっており、本来「団塊」となるべき形が崩れている。それはすなわち、出生数においては最多人数であったこの層の人たちが他出してしまったことを示している。換言すれば、離島ではもともと最大多数の年代層が他出してしまったために、この年代層の人数が少なくなっており、全国全体の形と異なっていることを確認することができる。また、離島地域でも団塊ジュニア世代の存在は確認できるが、それは極めて微弱である。さらに、20～24歳層がとりわけ少ない。すなわち、若年層が大量に流出したことが分かる。この点には特に注目する必要がある。

また、離島地域の人口構成において特徴的なのは、75～79歳の昭和1桁後半生まれ世代が多いこと、とくに女性ではこの年代層が最大層であることである。すなわち、全国的には団塊世代や団塊ジュニア世代の存在が明確である一方で、昭和1桁生まれ世代はかなり縮小し、見えにくくなったのに対し、

全国離島地域では昭和1桁世代が絶対的にも相対的にも極めて大きい存在であることが分かる。このことは、歴史的経緯としては、全国離島地域では、これまで基本的に島から流出せずに島に留まって生活し続けてきた昭和1桁生まれ世代の多くの人たちが、寿命の伸長という条件を受けて長生きし、元気に島で生活している実態を示している。そして、このことは、社会的存在面では、1つはこのような元気な高齢者が今後とも島で生活し続け、活躍していく条件を探ることの喫緊の必要性と、もう1つは、近未来において確実に高まる高齢者福祉への対応の長期的な必要性がますます重要になっていくことを意味する。

さらに、全国では団塊ジュニア世代を最後のピークとして、それ以降の世代の人口は徐々に減少しており、まさに少子化傾向を示しているわけだが、全国離島ではこれと異なり、男女とも15～29歳代が5～14歳代よりも少なくなっている点が分かる。これは、学卒後の島外流出を示している。

以上のように、離島地域は日本の少子高齢化の最前線と見られるわけだが、しかし、長期的視点から、もう1つの局面として、逆に、流出した2つの世代、すなわち団塊世代と団塊ジュニア以下の若年層が将来どれほど回帰・還流するかが、離島地域の将来動向を大きく作用する要因となることも確実であることから、地域再生に関する重要な論点として、今後ともその動向を注意深く見ていく必要があることも同時に指摘できる。

さて次に、玄海諸島の状況を図5-5に示した。男性においては、2005年では55～59歳代の、また2010年では60～64歳代の団塊世代が流出して、全国離島地域同様、その5歳下の世代よりも少なくなっていることが分かる。また、団塊世代よりも2005年で70～74歳代の、2010年で75～79歳代の昭和1桁後半生まれ世代のほうが多いことにも驚かされる。こうして、団塊世代がその5歳下の世代のみならず、昭和1桁後半生まれ世代よりも少ないということに、団塊世代の流出の激しさを見て取ることができる。

次いで、女性のほうは、上述の全国離島地域の女性の状況とほぼ共通していると言える。すなわち、1つは、男性ほど明確ではないが、やはり団塊世

58　第Ⅱ部　玄海諸島の概要

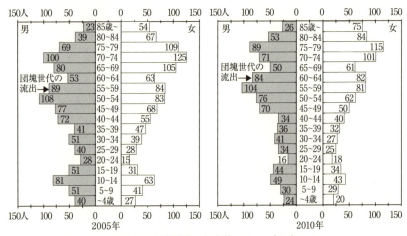

図5-5　玄海諸島7島全体の人口ピラミッド

資料：『離島統計年報』日本離島センター。

代は相当数流出した結果、その5歳下の世代とほぼ同じ人数となっている。2つは、全国離島地域と同様に、女性の場合は長寿という要因によって、高齢化が明確に認められ、両年とも団塊世代よりも昭和1桁後半生まれ世代がはるかに多い構図となっている。

　他方、2005年では30～34歳代の、2010年では35～39歳代の団塊ジュニアの存在は、男性ではかすかに確認できるが、女性ではまったく確認できない。つまり、団塊ジュニアの女性は確実に流出したと見られる。また、上述の全国離島と同様に、20～30歳代が10歳代よりも少なくなっており、玄海諸島でも学卒後の島外流出が確認される。

　こうして、大きくは2つの要因から、高齢者割合が上昇しており、男女計で2005年の35.1％から2010年には38.0％に確実に高まっている（**表5-1、表5-2**）。

2．産業構造の変化

(1) 島嶼の産業構造の変化

　日本の離島（島嶼）が独自性・多様性を持つことから、日本の有人島の類型化を行った研究の中で、須山聡氏の主成分分析による島の類型化が参考となった。須山氏は、1995年国勢調査、1996年漁業センサス等を用いて、当時の319の有人島に関する主成分分析を行った結果、島の7類型を析出したが、その中に、漁業に依存する2類型があった。1つは「女性・高齢者が多数を占めながらも漁業に依存する」「生業的漁業島嶼群」である。そして、もう1つが「生産年齢人口が相対的に多く、平均世帯規模が大きい島嶼で」あり、「漁業従事者率が58.4％、専業漁家率が46.3％を占めることから、これらの島嶼が漁業を基盤として」おり、「産業としての漁業が存在する」「自立的漁業島嶼群」[1]である。この類型に属する島嶼は瀬戸内海から四国西部および九州北部地域に広く分布する62の島嶼で、中でも福岡県の筑前諸島と佐賀県の玄海諸島が連なって存在していることが特徴的である。すなわち、筑前諸島8島中6島が、そして玄海諸島7島の全部が「自立的漁業島嶼群」として指摘されたのである。

　たしかに、これまで玄海諸島の主要な産業は漁業であったと言える。しかし、近年、漁業の衰退と漁業世帯の減少の結果、玄海諸島の中には漁業の比重がかなり低下しつつある島も見られる。**表5-3**のように1993年および1998年漁業センサスでは玄海諸島7島のすべての漁業集落の「主とする産業」は漁業であったが、奇しくも須山氏が玄海諸島の島々は「自立的漁業島嶼群」の類型に属すると指摘（発表）した同年の2003年センサスでは「主とする産業」が漁業から第三次産業に移行した集落のある島が3つも出現した。こうして、玄海諸島の島々の主要な産業が漁業とは必ずしも言い切れないような変化が現れてきたと見られる。産業も漁業主体から多極的になったと言える。したがって、玄海諸島の産業研究も漁業に偏しない多様な観点からの考察が

表5-3 主とする産業

島名	集落名	1993年	1998年	2003年
高島	高島	漁業	漁業	第三次産業
神集島	神集島	漁業	漁業	漁業
小川島	小川島	漁業	漁業	漁業
加唐島	加唐島	漁業	漁業	第三次産業
松島	松島	漁業	漁業	漁業
馬渡島	野中	漁業	漁業	第三次産業
	宮の本	漁業	漁業	第三次産業
	二夕松	...	...	漁業
向島	向島	漁業	漁業	漁業

資料:漁業センサス漁業集落カード。

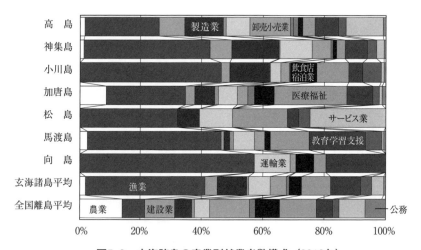

図5-6 玄海諸島の産業別就業者数構成(2010年)

資料:『2012離島統計年報』日本離島センター、2014年。原資料は2010年国勢調査。

求められていることを確認することができる。すなわち、玄海諸島の島々の産業研究においては、漁業を中心とした「総論的研究」と合わせて、それぞれの島々の多様性に基づく「各論的研究」が求められていると言える。本書の第Ⅲ部の実証分析では、このような観点での論述に努めていきたい。

そこで、以上の点を確認する目的で、図5-6に全国の離島と比較しての玄海諸島の7島のそれぞれの産業別の就業者構成を示した。図から、全国平均では少なくない農業の割合が存在するのに対し、玄海諸島では加唐島以外に

は農業はほとんど見られなくなったというデータ結果となっている。そして、それとは反対に、全国平均では1割程度しかなく、農業の割合よりも低い漁業の割合が、玄海諸島では7島すべてにおいて最も高く、最大の産業となっていることである。すなわち、全国平均では農業・建設業・卸売り小売業・医療福祉に次ぐ第5～6位の漁業が、玄海諸島では反対に第1位を占めているのである。こうして、玄海諸島の産業構造は、全国の全離島の平均像とはかなり異なり、むしろ反対の構造を持っていると言うことができる。

　こうして、玄海諸島の島々はすべて漁業を主体としていることが確認され、その限りで、上記の玄海諸島がおしなべて「自立的漁業島嶼群」に属するという須山氏の指摘を想起することができる。ただし、図5-6に見られるように、玄海諸島全体でも漁業の割合は50％を下回るに至り、なかでも松島では4割を切り、高島と加唐島では3割を下回っており、必ずしも「主たる産業」とは言い切れない実態となってきている。たとえば、松島で目立つ「サービス業」とは何かということ等である。こうして今日、産業の多様化が出現してきているのである。問題は、その実態と要因は何かということと、持続性の有無である。この点については第Ⅲ部で実態調査を通じて見ていく。

(2) 島嶼の漁業の種類

　次に、最大産業である漁業の中身を見てみたい。それを示したのが図5-7である。図からまず、魚類を主体とする島と水産動物を主体とする島と魚類・貝類・水産動物が拮抗している島の3タイプが存在することが分かる。魚類を主体とする島は高島、神集島、加唐島、そして馬渡島であるが、神集島と加唐島では2位の水産動物の割合もかなり高いため、これら2島はむしろ「魚類と水産動物の島」と言ったほうが実態に近い。他方、水産動物の割合が特に高いのが小川島である。これは第Ⅲ部で後述するようにイカ中心であるためである。そして、魚類と貝類と水産動物が主要3漁種となっているのが松島と向島であるが、これら両島は水産動物と貝類を主たる対象とする海士漁が主体であることによる。

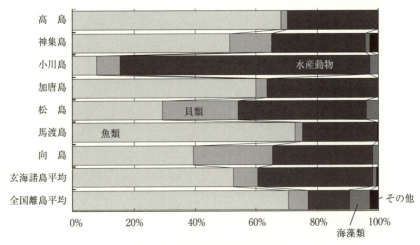

図5-7　玄海諸島の種類別漁業生産額構成（2011年）

資料：日本離島センター『2013離島統計年報』2015年。

こうして見ると、玄海諸島の主要な産業である漁業も、その中身においては決して一様ではなく多様であるため、漁業の考察においても、実態調査に基づく「各論」の必要性が確認される。

（3）島嶼の漁業の位置

また、玄海諸島の主要な産業である漁業に関して、それが地域全体の漁業の中でいかなる位置を占めているのか、そして、その位置は高まっているのか逆に低下しているのかについて見てみたい。

図5-8は全国の法律指定離島における属人漁業生産高の全国シェアおよび玄海諸島7島の属人漁業生産高の玄海海区におけるシェアの推移を示したものである。

全国的には離島の漁業のシェアは生産量においても生産額においても1990年頃以降著しく低下してきていると見られる[2]。また、佐賀県でも、同時期以降、少なくとも生産量のシェアの低下が著しい。なお、佐賀県の2003年以降の生産額のデータは公表されていないため、同時期の生産額のほうのシ

第5章　玄海諸島の性格　63

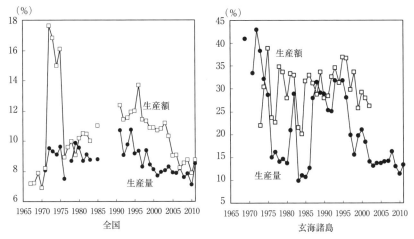

図5-8　島嶼漁業の占める割合の推移

資料：日本離島センター『離島統計年報』、佐賀農林水産統計協会『佐賀農林水産統計年報』。
注：全国は内水面漁業を除いた全国漁業に対する法律指定離島の属人漁業の割合、玄海諸島は玄海海区の漁業に対する玄海諸島（現在の7島）の属人漁業の割合である。

ェアの推移は不明であるため、その実態については本書第Ⅲ部の各論において島ごとに確かめたい。しかし、図から少なくとも全国および佐賀県においても島嶼地域の漁業の展開がとりわけ近年において厳しい実態にあることが暗示される。

【注】
（1）須山聡「島嶼地域の計量的地域区分」平岡昭利編著『離島研究』海青社、2003年、13頁。
（2）小松正之「新潟県佐渡島で日本初の本格的『個別漁獲割当制度』を導入」（『季刊しま』No.240、2015年1月、32頁）には2010年において「日本全体のわずか11パーセント（約37万トン）が離島の水産物（日本離島センター『2012離島統計年報』）の水揚量であり、しかも減少傾向にある」と述べてあるが、著者の計算では図5-8のように同年のそれは7％余であった。なお、小松氏は実証していないが「減少傾向にある」との指摘のとおり、図5-8から1990年代以降「低下」傾向にあることが確認される。

第Ⅲ部

玄海諸島の諸相
―事例分析―

第6章

高島

定期船「ニュー高島」
から振る帰り見る高島
の全姿

高島にはまとまった整
備畑がつながっている

要約

　高島は唐津市の市街地に近接した「都市内の島」であり、しかも唐津湾内に位置して波静かな「唐津市のミニベットタウン」的性格を持っていたため、もともと団塊の世代の他出（離島）が少なかった上に2000年代以降には他出団塊世代のUターンも見られたため、他の玄海諸島とは異なって団塊世代を保持した人口構成を示している。また、近年も島内の神社関係の観光化に成功して観光客が増加し、「観光の島」として注目されている。しかし、観光客数のピークは過ぎ、観光対策は新たな局面を迎えつつある。
　しかし、高島でも実は最多数の就業者は漁業者であることは他の玄海諸島と同様であり、漁業対策が島の最重要課題となっているが、高島の漁業の中心は共同経営による定置網漁であることから、「最後の砦」としての島外からの漁業後継者の受け入れ態勢としては有利な条件を有している。
　また、上記の団塊世代の存在は将来の超高齢社会の課題の大きさを示唆しており、その面で将来の超高齢社会を先取りしたモデル的な島と言える。

1．はじめに—課題—

　高島は「宝当神社関係の観光の島」として唐津市内外から広く知られている島であり、他の玄海諸島6島と比べて、とりわけ観光での「島おこし」の実績と可能性を持つ島であることから、観光が最も重要と考えられるが、長期的には島民生活の活性化と持続性に関わる全般的な考察が求められるため、本章ではこのような全般的な基礎的事柄を確認していくことを課題とする。

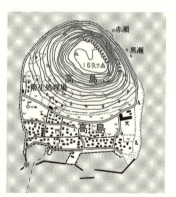

図6-1　高島の地形図

資料：国土地理院2万5千分の1地形図「呼子」（昭和60年修正）の高島分を原寸大で転写。

2．人口・世帯数および年齢構成の推移

（1）人口と世帯数の推移

1950年代には800人を超していた高島の人口は、その後減少傾向を続け、今日では当時の半分以下となり、2014年には300人を切った。他方、世帯数も、人口ほどではないが、一貫して減少傾向を続けている。その結果、高島でも軒並み空き家が目立ち、空き家対策が早晩求められてくる情勢にある。

図6-2　人口と世帯数の推移（高島）

資料：『全国離島人口総覧〔改訂版〕』全国離島振興協議会、1983年、『離島統計年報』日本離島センター、および唐津市ホームページ。
注：表示年の4月1日現在の住民基本台帳に基づく。他の島も同様。

（2）年齢構成の変化

図6-3に人口ピラミッドを作成・掲載した。高島の特徴は、図5-4で見た全国離島や第7章以降で見る玄海諸島6島のそれらとは異なり、男子の場合、団塊の世代（1947～49年生まれ世代）が文字通り最も人口の塊の多い世代として島内に残っていることである。その要因は、8．で後述するように、高島が唐津市の市街地に近接する、いわば「街の中の島」であるため、全国の都市近郊農漁村と同様に、島外への通勤が可能であったことから、団塊世代も含めて他出せずに島外通勤する「ベットタウン」的要素を持っていたこと、

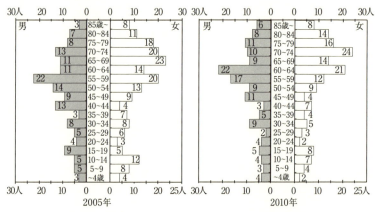

図6-3 高島の人口ピラミッドの推移（国勢調査）

資料：国勢調査。

表6-1 高島における年齢階層別・性別人口割合の推移

種類	性別	2005年	2010年
年少人口	男	8.5	7.7
	女	12.4	7.9
	計	10.7	7.8
生産年齢人口	男	64.1	61.3
	女	46.1	45.7
	計	54.0	52.9
老年人口	男	27.5	31.0
	女	41.5	46.3
	計	35.3	39.2

資料：国勢調査。

および一旦他出しても定年退職後帰島（「定年Uターン」）した団塊世代の島出身者が少なくなかったためである。

他方、高齢化の進展は全国、他の玄海諸島と変わりない。すなわち、**表6-1**に年少・生産年齢・老年の各人口構成を示したが、見られるように、2005～2010年の間に男女とも年少人口と生産年齢人口の割合が低下しているのに対し、老年人口の割合が上昇してきており、なかでも老年人口割合の上昇が確実に進行していることが確認されるからである。

3．インフラの整備状況

　定期船は長年、漁協（合併後の現在は玄海漁連高島支所）経営の郵便船が高島と本土との間の人とモノの運搬を担っており、また一日5～6往復という本数も大きな変化はない。ただ、トン数は小規模化に向かった。他方、就航率が2007年に110％を超えているのは、後述の観光客の急増に対する臨時便の増発によるものと推測される。

　上水は1974年までは島内の井戸に依存していたが、1975年に本土からの海底送水が開通したため、それ以降は全面的にそれに依存するようになった。

　他方、下水（し尿処理）方法は、人口単位で、1982年までは自家処理が主体であったが、1983年以降は計画収集（汲み取り）が中心となり、その後水洗化が進み、2002年以降は水洗化方式が中心となるようになり、今日ではほとんど水洗化方式に変わった。

　その他のインフラとしては、警察署・銀行・商店（食材・生活用品店）・理美容院はなく、中学校は閉校になったが、小学校・保育園・診療所・酒屋・漁協があり、漁協ではキャッシュカードは使えないが通帳で換金はできる。また、郵便局はないが郵便事業は島の自治会が行っている。ところで、たしかに市街地に近く、定期船の便数も比較的多いため、玄海諸島の中では航路の利便性は高いが、島内に食材や生活用品を売る一般商店がない（かつては酒屋が多少扱っていたが）ことが、島の不便さの1つとなっており、検討を要する。

4．漁業の推移

（1）漁業種類とその推移

　高島の漁業の割合は、玄海諸島の中で最も低いが、それでも高島でも就業者割合が最も高いのは漁業であるため、高島における産業の中で最も重要な

72　第Ⅲ部　玄海諸島の諸相

表6-2　高島におけるインフラ整備の進展状況

年次	定期船の就航の推移				水道利用人口（人）			し尿処理方法の変化		
	1日当たり就航回数（往復）	事業者名	船舶名とトン数	就航率	上水道	簡易水道	井戸	水洗化人口	非水洗化人口	
									計画収集	自家処理
1968	4						777			
1969										
1970							681			
1971							668			
1972							664			
1973	5		第一高島丸 23.86				649			
1974	5		第一高島丸 23.86				653			
1975	5		第一高島丸 24		海底送水	644				
1976	5		第一高島丸 23.9			622				
1977	5		第一高島丸 24			608				
1978	5～6		第一高島丸 24		600					600
1979	5～6	高島漁協	第一高島丸 24		590					590
1980	5～6	高島漁協	第一高島丸 24		591					591
1981	5	高島漁協	第一高島丸 24		592					592
1982	5	高島漁協	第二高島丸 35		572					572
1983	5	高島漁協	第二高島丸 35		567				431	136
1984	5	高島漁協	第二高島丸 35		561				436	125
1985	5	高島漁協	第二高島丸 35		544				436	108
1986	5	高島漁協	第二高島丸 35		530				420	110
1987	5	高島漁協	第二高島丸 35		523			4	407	112
1988	5	高島漁協	第二高島丸 35		523			4	410	109
1989	5	高島漁協	第二高島丸 35		506			4	394	108
1990	5	高島漁協	第二高島丸 35		501			5	406	90
1991	5	高島漁協	第二高島丸 35		488			5	393	90
1992	5	高島漁協	第二高島丸 35		460			7	373	80
1993	5	高島漁協	第二高島丸 35		459			8	431	20
1994	5	高島漁協	第二高島丸 35		436				418	18
1995	5	高島漁協	第二高島丸 35		438				422	16
1996	5	高島漁協	第二高島丸 35		437				421	16
1997	5	唐津市漁協	第二高島丸 35		425				409	16
1998	5	唐津市漁協	第二高島丸 35		419				408	11
1999	5	唐津市漁協	ニューたかしま 35		408				401	7
2000	5	唐津市漁協	ニューたかしま 20		398			195	196	7
2001	5	唐津市漁協	ニューたかしま 20	99.1	390			204	179	7
2002	6	唐津市漁協	ニューたかしま 19	99.1	386			255	131	
2003	6	唐津市漁協	ニューたかしま 19	99.0	375			253	122	
2004	6	唐津市漁協	ニューたかしま 19	98.6	365			252	113	
2005	6	唐津市漁協	ニューたかしま 19	98.6	359			261	98	
2006	6	唐津市漁協	ニューたかしま 19	98.3	353			302	51	
2007	6	唐津市漁協	ニューたかしま 19	114.5	345			302	43	
2008	6	唐津市漁協	ニューたかしま 19	102.3	343			302	41	
2009	6	唐津市漁協	ニューたかしま 19	102.2	323			302	21	
2010	6	唐津市漁協	ニューたかしま 19	100.0	324			283	41	
2011	6	唐津市漁協	ニューたかしま 19	100.0	322			281	41	
2012	6	唐津市漁協	ニューたかしま 19	100.0	310			288	22	
2013	6	唐津市漁協	ニューたかしま 19							
2014	6	唐津市漁協	ニューたかしま 19							
2015	6	唐津市漁協	ニューたかしま 19							

資料：『離島統計年報』日本離島センター、および定期船船長からの聞き取り調査。
注：1日当たり就航回数は平日のものである。

表6-3 営んだ漁業種類別経営体数の推移（高島）

(単位：経営体)

年次	経営体数 延数	経営体数 実数	網 小型底びき	網 刺し	網 小型定置	釣り	はえなわ	採貝	採藻	海面養殖 のり	海面養殖 ぶり・はまち	海面養殖 たい類	海面養殖 その他	その他の漁業
1973	205	102	12	49	1	31		9	2	97				4
1978	147	78	11	33	7	12	6			71			2	5
1983	137	74	12	28	2	25		1	1	59	1	2		6
1988	100	54	13	24	2	12	2	6		40				1
1993	60	35	10	20	2	10	3	6		9				
1998	55	27	10	11	2	9		20						3
2003	56	27	9	14	2	10		5						16
2008	32	20	7	8	3	6			5					3
2013	22	18	7	6	2	2			3					2

資料：漁業センサス。

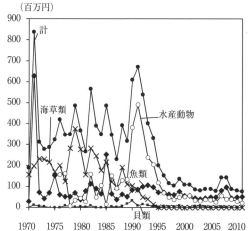

図6-4　漁業種類別水揚額の推移（高島）

資料：『離島統計年報』日本離島センター。後掲の各グラフも同様。
注：本図の水揚額と後掲図の水揚額は上掲『年報』の別欄の数値であるため一致しない年次もある。後掲の類似グラフも同様である。

ものが漁業であることは今日においても他の6つの玄海諸島と同様である。

さて、その漁業について、まず図6-4に漁業種類別の水揚額の変化を示した。この間の動向・推移は決して単純ではなかった。

第1に、1970～80年代の高島の漁業の中心はノリ養殖業だったことが分かる。そして、このノリ養殖業が1970年代に増加し、島の漁業水揚額の上昇に寄与したが、しかし1979年をピークにしてそれ以降減少し、1995年には終了

した。それに対し、それまでノリに次ぐ漁業種類であった水産動物の水揚額が1980年代に上昇し、1979年以降はノリを上回り、1990～92年には急増した。その結果、1991年には島の水揚額総額が1971年以降のピークに達した。

　しかし、第2に、1992年以降、水揚額総額が急減し、島の漁業は衰退傾向を示し、今日に至っている。そして、2000年代の約10年間は、水揚総額は1億円前後の低位水準を続けている。その2000年代の漁業の種類は水産動物と魚類の2種類であり、両者の金額はほぼ同額の水準となっている。こうして今や、高島の漁業は水産動物と魚類の2種類がほとんどだと見られる。

(2) 水揚の推移

　水揚量も加味して示したのが図6-5である。1970～80年代には水揚量はかなり安定しており、それは上述の事柄から、ノリの減少と水産動物の増加というマイナスとプラスの結果と推測される。しかし、1990年以降は水揚量が急減し、それに伴い水揚額も急減した。そして今日、水揚量は250トン前後に、水揚額は1億円前後の低水準に低迷している。

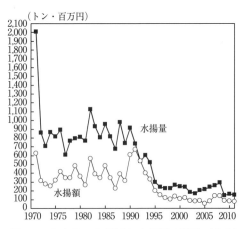

図6-5　水産物の水揚量と水揚額の推移（高島）

（３）１経営体当たりおよび１世帯当たりの水揚動向

さて次に、１漁業経営体および１漁業世帯においてはどうなのかの検証を行う。

図6-6から、１経営体においても水揚量では1994年頃以降減少し、10トンを下回るに至り、それに伴い水揚額も同年以降減少し、500万円を下回る年が多くなった。漁業センサス結果でも1998年で516万円、2003年で369万円となっていた（**表6-4**）。

なお、高島では漁業経営体数では定置網が２経営体（**表6-3**）あるが、うち１経営体には共同経営体として多くの漁業者が参加しており、むしろこの定置網が高島の漁業の主体であることから、上記の経営体単位での水揚量・額からだけでは実体を把握するのは限界があることに注意する必要がある。事実、高島では漁業経営体数と漁業世帯数の間にかなりのずれがあることはそのことを示している。

そこで、**図6-7**に１漁業世帯当たりの水揚量・額も示した。図から１漁業

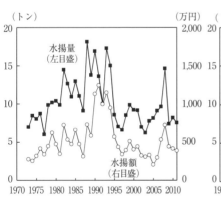

図6-6　１漁業経営体当たりの水産物の水揚量と水揚額の推移（高島）

資料：日本離島センター『離島統計年報』、農林水産省『漁業センサス』。
注：漁業経営体数は『漁業センサス』の数値を５年間次の『漁業センサス』年の前年まで修正せずに用いた。後掲の類似のグラフも同様である。

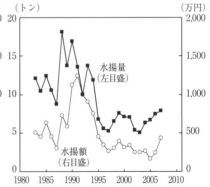

図6-7　１漁業世帯当たりの水産物の水揚量と水揚額の推移（高島）

資料：日本離島センター『離島統計年報』、農林水産省『漁業センサス』。
注：漁業世帯数は『漁業センサス』の数値を５年間次の『漁業センサス』年の前年まで修正せずに用いた。後掲の類似のグラフも同様である。

表6-4 販売金額別漁業経営体数の推移（高島）

（単位：経営体、万円）

		経営体総数	100万円未満	100~300	300~500	500~1,000	1,000~2,000	2,000~5,000	5,000万円~1億円	1~10億円	1経営体平均漁獲金額
佐賀県	1973	5,104	1,359	2,643		884	211			7	
	1988	4,090	400	1,219		1,026	1,313	96	23	13	
	1993	3,537	302	1,138		1,103	859	101	24	9	
	1998	2,885	270	809		483	887	395	30	11	
	2003	2,457	377	853		422	531	208	59	7	
	2008	2,123	366	368	274	228	341	441	82	22	
	2013	1,871	303	333	217	158	338	468	42	9	
玄海海区	1973	2,202	1,139	997		22	37			7	
	1988	1,564	300	796		272	102	58	23	13	
	1993	1,372	231	641		262	130	77	22	9	
	1998	1,174	174	585		243	78	74	11	9	
	2003	1,048	195	568		174	57	37	10	7	
	2008	905	196	222	208	191	41	26	17	3	
	2013	793	197	246	169	118	23	31	6	1	
高島	1973	102	4	97		1					
	1988	54	4	22		26	1	1			
	1993	35	7	18		8	1	1			
	1998	27	5	19		1	1	1	1		516
	2003	27	8	17			1	1			369
	2008	20	4	9	5		1	1	1		
	2013	18	5	8	3		1	1			

資料：漁業センサス集落カード。
注：1978、1983年のデータはないため非掲載。以下同様。

世帯当たりの水揚量・額は上記の1漁業経営体当たりのそれらよりも一回り低い値となっている。すなわち、後者においては1995年以降、水揚量は7.5トンを、また水揚額は500万円を下回っている。

（4）漁業種類別考察

表6-3の統計データ上は目立たないが、実は定置網が本島最大の漁業種類であるため、以下でこの定置網について少し詳しく内容説明を行う。

すなわち、2014年現在、高島には小型定置網が2経営体存在した。うち1経営は共同経営であり、もう1つは株式会社形態を取る個別（個人）経営体である。そして、実はこれらの定置網がむしろ高島の漁業を代表する存在であると言っても良いため、以下、少し詳細に述べたい。

1）共同経営体

①歴史

共同経営体の定置網漁は、戦前から島の北側で長く行われていた網主形態

のものを、戦後1950年代に10人ほどの網子＝労働者たちが網主から経営権を買い取って網子たちの共同経営体として組織替えし、その後メンバーが増え今日に至っているものである。なお、この共同経営体による定置網漁は、第7章の神集島の定置網漁と同様の経営形態のものであり、注目される。

②組織とメンバー

定款は存在しないという。神集島の定置網漁の経営体は定款を有しているが、その違いは大型か小型かの規模・法的違いによるものと推測される。役員は、代表者である船頭と副船頭と会計の3人である。労働に参加し報酬を得る権利を持つメンバーは役員を含めて14人おり、後述のように、彼ら14人が経営体が保有する2隻の作業船にそれぞれ7人ずつ分乗して現場で作業するという労働体制をとっている。

③所有する船の種類と労働体制と給与形態

作業船を2隻（3.8トン、5トン）、網持ち船を2隻（各3.8トン）、船外機付きの小船を2隻所有する。また、網を2セット所有し、2隻の網持ち船でそれぞれ運んで設置し、2隻の作業船がそれぞれ担当するという関係にある。そして、2隻の作業船にそれぞれ7名ずつ、計14人の経営体のメンバーが乗り込んで作業をするという体制を取っている。各作業船における7人のメンバーの作業体制は、船長1人、機関長1人、その他作業員5人となっている。

シーズンは2月末から年末までであり、1月から2月末までは不漁で時化も多いため休漁する。セリのない日曜日と時化のとき以外の月〜土曜日には普通出航するが、シーズンオフもあるので、年間出漁日数は例年210日前後という。

67歳を定年とし、給与は月給制で、役員や船長への手当てはあるが、年齢・経験による格差はないという。

④作業体系

夜中の12時に集合し、1時から2時の時間帯に、2隻の船に各7人、計14人のメンバーで出航する。網までは10〜15分で着き、早速クレーンでの巻き上げ作業を開始する。掛かった魚の量が多いときは2隻に取り込むが、少な

い時は１隻で済む場合もある。水揚げ場である唐津魚市場までは20分で着く。市場で魚の選別をし、１番セリが始まる３時30分に間に合わせる。１番セリのみで済んだ場合は、４時には帰港する。

そして、そのまま帰宅し休むというあり方が一般的である。

⑤問題点と将来展望

１つは、2006～7年にはアジの豊漁があって水揚額も多かったが、近年は不漁続きである点、また２つには、メンバーの高齢化が進み、２～３年後には５～６人が定年退職するため、メンバーの不足が懸念される点が目下の問題点であるという。メンバーの不足に対しては機械化が考えられるが、追加投資が必要となるというジレンマがある。

２）個別（個人）経営体

①歴史

1960年代はノリが盛んであったが、ノリは冬場だけであったため、通年就業が可能な漁業形態を求めて、また、1970年代に入りノリが不漁となったために、S氏（60歳）は1976年頃に島の東側で小型定置網漁を始めた。その後、島の西側で行われていた小型定置網漁が担い手の高齢化のために2010年頃に止めたため、その漁場も引き受けて、それ以降は島の東西２カ所で定置網漁を行っている。

②組織とメンバー

2007年に株式会社にした。代表取締役はS氏であり、雇用者が正社員２名と手伝いが１名いる。

③所有する船の種類

作業船が２隻（３トンと６トン）と予備の船（船外機付き）が２隻ある。６トンの作業船には網を引き上げるキャッチローラーという高性能の機械を設置している。

なお、シーズンや、作業体系や出荷方法は上記の共同経営体と同様であるため、省略する。

④将来展望

近年不漁が多いとは言え、冬場のブリ・サワラ・マグロ等が大漁になることもあり、またサワラやカマスは近年むしろ水揚量が増していること、さらには魚市場が近くて捕れた新鮮な魚をすぐさま持ち込めるため、小魚でも値になるというメリットがあると言われる。また、定置網には凪の時よりも少々の時化の時のほうがむしろ魚が多く入るため、他の漁業形態での水揚量が少ない時にも出荷できるという有利性や、少々の時化でも出漁でき年間出漁日数が少なくないという点でもメリットがあるとS氏は語る。

5．農業の推移

（1）農業の歴史

　表6-5に見るように、1960年頃には農家が85戸、畑が15ha存在し、芋や麦が14ha以上栽培されていた。また、めん羊や鶏も飼われていた。しかし、その後、このような畑作農業は急減した。

　そして、**表6-5**でも確認されるように、日本離島センター発行の年次報告である『離島統計年報』に1990年から高島の農産物生産額が皆無となったとして計上されなくなり、農林水産省の『農業センサス』でも同じく1990年から農家数が皆無となったと「評価」されて以降、高島ではこれらの統計の基準以上の「農家」や農業生産は消滅するに至った。

（2）今日における作物生産の意義

　たしかに、高島では1990年以降は、農地を10a以上持つか、それ以下でも年間30万円以上の農産物販売のある世帯を「農家」とする『農業センサス』の基準に相当する世帯は皆無となったが、その基準に満たない農作物生産・販売者は今でも少なからず存在する（2013年世帯訪問悉皆調査結果から）。そして、本章でも、このような零細な作物生産・販売の意義を再確認することの重要性を指摘したい。

　この作物生産の役割としては、まずは直接的に自家料理の材料となり、経

表6-5 高島における農業の推移

年	農家戸数 (戸) 専業	1兼	2兼	計	経営耕地面積(a) 畑	果樹園	耕作放棄地面積(a)	保有山林面積(a)	作物収穫面積(a) 芋類	麦類	雑穀	豆類	野菜類	家畜飼養頭羽数(頭,羽) めん羊	鶏	農産物生産額(百万円) 芋	豆・雑穀	野菜	果実	その他	計
1960	1		84	85	1,506			973	1,435	1,468	2		76	4	348						0.9
1969																					5.8
1970	4	1	77	82	870	500	…	…	90	92			40		150	1.3		0.4	1.3		2.6
1971																0.1		0.4	2.9	0.1	3.5
1972																			3.0	0.1	3.5
1973																		0.4	1.5		1.9
1974																		0.5	3.0	0.1	3.6
1975	1		57	58	160	521	448	…	51	22		9	28			1.0	0.5	0.5	1.5	0.6	2.6
1976																1.0	0.5	2.0	1.5		5.0
1977																1.0	0.5	2.0	1.5		5.0
1978																1.0	0.5	2.0	1.5		5.0
1979																1.2	0.6	2.1	2.1		6.0
1980	6	2	56	64	138	512	547	…	50		0	81	3			1.0	0.5	2.0	2.0		5.5
1981																1.0	0.5	2.0	2.0		5.5
1982																0.7	0.4	1.4	1.5		4.0
1983																0.6	0.3	1.0	7.5		9.4
1984																1.0		0.2			1.2
1985	3		16	19	122		124	…	86				10			1.0		0.2			1.2
1986																0.1		0.2			0.3
1987																0.1		0.2			0.3
1988																0.1		0.2			0.3
1989																0.1		0.2			0.3

資料:『1960年世界農林業センサス結果報告［2］農家調査集落編』佐賀県,1961年,農業センサス集落カード,『離島統計年報』日本離島センター。
注:センサスでは1990年以降農業集落名は消滅として調査なし。農産物生産額は1990年以降は該当値なし。

済的な意味を持っている。同時に、多く取れたときには親戚に送付されたり知人に分け与えられたりして喜ばれている。なかでも、高島産のサツマイモは地域において美味として評判が高い。また、多く取れた際には島外の近くの市場に出荷されてそれなりの販売額を得ている。そして、もともと市場出荷向けの栽培を行っている世帯も存在する。「農業」とは言わないまでも、歴とした作物栽培が行われているのである。そして、事実、野菜栽培のために耕耘機を持つ世帯も少なくない。他の玄海諸島では見られない姿である。

しかも、作物栽培の担い手が主に年金生活の高齢者であることから、このような作物栽培の経済的意義が決して少なくないことを強調せねばならない。

次いで、このような高齢者が畑で作物栽培をすることは、身体を動かすことによって健康増進につながり、高齢者が元気に畑で仕事をしていることが、彼女ら・彼らが元気に暮らしていることの重要なバロメーターともなっていることである。

さらに、高島の畑は平地に団地的に広がっており、見晴らしが良いため、畑に出ることによってお互いが顔を合わせる形で、日常的な交流の場ともなっていることである。こうして、お互いに顔を見ることによって、お互い健康で元気であることを確かめ合う機会ともなっているのである。このような意味は重要と考えられる。

(3) イノシシ害対策

数年前からイノシシが高島にも棲み付き、栽培作物への被害も出てきた。その対策も始められたが、上記のように高齢者にとって見かけ以上に重要な作物生産をイノシシから守ることは極めて重要である。その意味で、イノシシ対策は単なる経済対策ではなく広く福祉対策としての内容をも持つという理解と意義付けが必要である。目下、まだイノシシの頭数も被害も少ないが、そのような重要な位置付けによる早めの対策が必要と考える。

6. 少子化による教育・保育問題

図6-8のように、1960年代以降、とりわけ1970年代に小中学校の児童・生徒数が激減したが、当時600人を超えていた高島の人口規模では団塊ジュニア世代を生み出す余力を保持していたため、1980年代前半には児童数を、その後半には生徒数を増加させたが、その後は傾向的に児童数・生徒数を減少させ、2004年には中学校が閉校となり、小学校児童数も現在では1桁となり、小学校が存続の危機に立たされている。

他方、保育園児数の動向も、同様であり、ほとんどの子供が保育園に入る今日では、むしろ保育園児の動向が、小学校児童数および中学校生徒数の動向を左右する指標とも見られる。こうして目下、保育園も小学校同様に、存続の危機に瀕している。

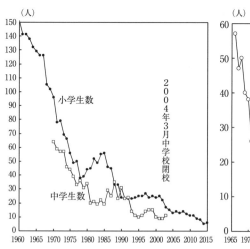

図6-8 高島の小学校と中学校の児童・生徒数の推移
資料：高島小学校資料、『離島統計年報』日本離島センターより。
注：表示年の5月1日現在の在籍数。他の島も同様。

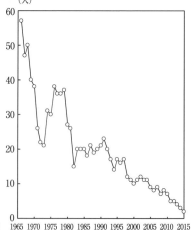

図6-9 高島保育園の園児数の推移
資料：高島保育園資料。
注：表示年の10月1日現在の在籍数。他の島も同様。

7．観光対策

(1) 宝当神社関係の商品販売

　高島には宝当神社という名称の神社がある。1992年にこの神社で祈願した福岡の人の宝くじが当選したという新聞記事が契機となり、本神社を訪れる客が増えだした。その動向を背景に、当時島づくりに取り組むメンバーが「宝くじが当たる」神社として高島の「宝当神社」にあやかる商品作りと商店作りを1994年から始めた。その後、同様の対応が広まり、現在では3軒の宝当神社関連の商店ができ、それぞれ独自の方法で対応している。また、2004年には当の宝当神社の社務所が改築された。

(2) 観光客の増加

　その結果、図6-10に見るように、1990年代半ば以降、観光客数が激増し、2004年と2005年には10万人に達した。先の表6-2でその前後に定期船の就航率が110％を超えたのは、このような観光客の増加に対する臨時便の増発によるものであった。

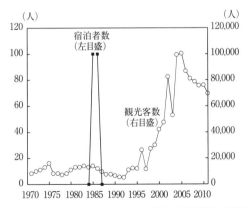

図6-10　高島への観光客数と宿泊者数の推移

資料：日本離島センター『離島統計年報』。以下の類似図も同様。

(3) 関連施設の発足

　観光客目当ての対応としては、上記の宝当グッズの開発と販売だけでなく、2002年には島の漁師が食堂を開店し、引き続き2004年には本土の女性が喫茶店を開店した。

　しかし、宝当神社関係の観光は2004、2005年をピークに下火になったようである。いま高島の観光は、観光客数の減少傾向のもとで次の局面と対応が求められている。

8．訪問調査結果─付論─

　2．の（2）で上述したように、本島は唐津湾内に位置しているため、波が穏やかであり、しかも唐津市の市街地に近接した「都市内の島」という性格を持つため、1955年以降の高度経済成長期にも団塊世代を中心とする島民人口の他出が比較的抑えられたうえに、他出した団塊世代の一部が2000年代に帰島（Uターン）したため、少なくとも男子については他の玄海諸島6島とは異なり、団塊世代を最多人数とする人口ピラミッド構造を保持してきているという特徴を持っている。

　最後になったが、本項では、2013年に実施した島民世帯悉皆調査結果のほんの一部であるが、上述の団塊Uターンの事例を示してみたい。

　Aさん（78歳、2013年当時、以下同様）はそのとき高島で一人住まいをしていた。高島小中学校卒業後愛知県のトヨタ自動車工場に40年以上勤め、60歳で定年退職した後もさらに12年間トヨタの下請工場で働き72歳の時に帰島し甥の空き家を修繕して年金生活を送っている。トヨタに勤めていたときは県住宅供給公社の住宅に住んでいた。妻はまだ愛知県内に娘と同居しているが、来（2014）年予定通り娘が結婚したら出身地の高島に戻る運びだと言う。

　Bさん（65歳）は高島小中学校と唐津市内の高校を経て福岡市内の大学を卒業後40年ほど福岡市内の企業に勤めて60歳で定年退職し、病気がちな母親

（87歳）の看病も兼ねて妻（67歳）と一緒に高島の実家に戻った。福岡では会社の社宅に住んでいた。なお、妻は山口県出身だが福岡での職場結婚である。今は健康維持（運動）も兼ねて上記の定置網漁の手伝いをしている。

　Ｃさん（65歳）は高島小中学校と定時制高校を経て自衛隊で55歳まで働いた後に高島に戻り、今は船で通って県事務所や学校関連の仕事をしている。妻（65歳）は島内の仕事に就いている。

　Ｄさん（61歳）は、高島小中学校と唐津市内の高校を卒業後、愛知県の会社で55歳まで働き、帰島し、以来、年金暮らしである。

9．まとめ―提言に代えて―

　高島は玄海諸島の中で観光が最も盛んな島であるが、しかし島最大の産業は漁業であり、なかでもその中心は定置網漁である。そして、目下、２統の定置網漁が唐津湾内の優等漁場に立地し、比較的安定的に推移しており、島内最大の就業機会を提供している。しかし、担い手の高齢化と後継者不足のもとで、後継者育成も含めて、このような貴重な漁業形態を高島全体として本島の漁業を代表し特徴付けるものとして、あるいは行政としても唐津市内において如何に持続的に維持していくのかを改めて考える時期に来ていると考える。

　他方、統計上「農家」や「農業」は消滅したが、幸い高島の畑は他の玄海諸島の畑と違って平坦地に連坦的・団地的に存在し、「畑地帯」として極めて優位性を持っている。この少なくない畑と島民の作物生産を守る意味でも、イノシシ害には早めの「攻めの対策」が求められる。

　中学校は閉校したが、残された小学校や保育園も児童数・園児数の１桁への減少で存続の危機にある。小学校ではノリ養殖業の見直し体験授業が行われており、たいへん興味深いが、定置網漁も含めた島の特徴的な漁業にも目を向け、島の産業を担える人材の育成につながる総合学習の取り組みも必要と考えられる。

唐津市の市街地に近いため、観光も都会型観光の特徴を活かし、またこれまでの宝当神社関係に偏した観光から、島の自然の活用（登山・展望や周遊）や芋等の作物販売や漁業（定置網）体験等と結び付けた総合的な観光（グリーン・ブルーツーリズム）への模索が必要と考える。そのことによって、地味ではあるが、持続性のある観光を定着させることができると考えられるからである。

　他方、超高齢化に向かう島民生活の安全性・安定性確保のために、夜間海上タクシーの再開や一般商店の開設、およびドクターヘリの活用等による医療体制の充実化、さらには独居老人の生活チェック体制システムの創出が求められる。

第7章

神集島

別名「軍艦島」とも呼ばれる神集島の島姿

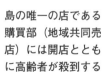

島の唯一の店である購買部（地域共同売店）には開店とともに高齢者が殺到する

1. はじめに—課題—

神集島は図7-1に見られるように、旧唐津市北部の湊地区の北東600m先の玄界灘と唐津湾の接する辺りの海上に浮かぶ近海小島である。別名「軍艦島」とも呼ばれる台地状の島で、溶岩台地を特徴とする東松浦半島の一角を形成している。

島民人口は2015年11月現在の住民基本台帳で371人、また世帯数は177戸である。これまで警察署がない以外は、日常生活上最小限必要な施設・機能はあり、金融・郵便・商店の機能は漁協や自治区が代行しており、「警察署以外はなんでもある」島であったが、

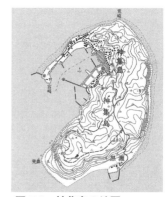

図 7-1 神集島の地図

資料：国土地理院2万5千分の1の地形図「呼子」（昭和61年）の一部を60％大で転写。

しかし2004年の中学校の閉校、2011年の小学校の閉校等々、近年はもろもろの施設の減少・機能後退が目立つ。こうして、神集島でも少子高齢化にいかに立ち向かうかが焦眉の課題となってきた。

図7-2　人口と世帯数の推移（神集島）

資料：中野茂美「人口」『神集島』戸畑中央高等学校郷土部、1970年、『全国離島人口総覧〔改訂版〕』全国離島振興協議会、1983年、『離島統計年報』日本離島センター、唐津市ホームページ。

そこで、島民生活に特徴的な事柄と考えられる項目を取り上げつつ、現状を要約し課題を提示する。

2．人口・世帯数および年齢構成の推移

（1）人口と世帯数の推移

島の人口は1960年代以降、減少局面に入り、2015年11月現在では371人に至り、ピーク時の1,200人台の3分の1以下となっている。しかも一直線的に減少してきている点が特徴的である。他方、世帯数の変化は緩やかだが、近年は減少傾向を強めている。

（2）年齢構成の推移

図7-3に直近の5年間の人口ピラミッドの変化を、また表7-1に年齢構成別人口割合の変化を示したが、ピラミッドからも印象的に感じ取られるように、生産年齢人口割合はほとんど変化がないが、1〜2％の範囲ではあるが年少人口割合が低下し高齢人口割合が上昇し、少子超高齢化現象が確認される。

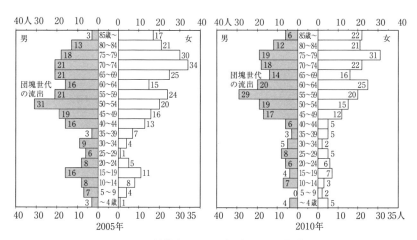

図7-3　神集島の人口ピラミッドの推移

資料：国勢調査。

表7-1 神集島における年齢階層別・性別人口割合の推移

種類	性別	2005年	2010年
年少人口	男	7.5	5.6
	女	5.1	4.5
	計	6.3	5.0
生産年齢人口	男	60.7	59.4
	女	45.3	45.5
	計	52.7	52.0
老年人口	男	31.8	35.0
	女	49.6	50.0
	計	41.0	43.0

資料：国勢調査。

3．インフラの整備状況

（1）上水道

1972年までは井戸水を利用していたが、1972年に本土からの海底送水により簡易水道が設置され[1]、1983年以降は上水道という形で今日に至っている。

（2）下水道

1995年に一気に水洗化が行われ、現在ではほとんどが水洗化され、都会生活と遜色がない実態にある。

（3）診療所

1981年までは週2回、医師が来島し、公民館の診療室で診察する仕組みであったが、1982年に診療所が開設され、基本的に医師が常駐する念願の体制が整備された[2]。すなわち、その基本は佐賀県における僻地医療対策として県内高校出身の自治医科大学卒業の研修医が所定の就業義務年限内の一定期間、島内診療所に派遣されるというあり方である。それは具体的には、特定の研修医が年間、平日島内診療所に勤務し、夜間は診療所2階の医師（家族）専用宿泊所に宿泊するというシステムの確立である。

しかし、県北地域の医療体制の再編の一環として、2010年4月以降は4名の研修医が月火水金曜日の日中のみそれぞれ交替で毎週1回ずつ来島するが、宿泊所は利用されなくなったため、夜間と木土日祭日は無医となる方式に変

更された。その結果、島民の不安は高まったと感じられた。それは世帯訪問聞き取り調査中、行き付けの医師という意識が薄れたり、島内に医者がいない日時に急病人が島外の病院に着くまでに死亡したという事例を何件か耳にしたことなどに現われている。

（4）定期船

表7-2のように、かつて長く2つの事業者による2種類の定期船が運航し、総便数も多かったが、2009年から事業者が（株）唐津汽船1社になり、便数も激減した。（株）唐津汽船の本社は唐津市本土にあり、代表取締役も島外住民である。島内には支社があり、職員5名は島内住民で、うち3名は運転免許を持つ。本職場は島内有力の安定的な雇用先と言える。

（株）唐津汽船は定期船「からつ丸」58トン1隻と緊急時船2隻を持つ。

4．漁業の推移

（1）漁種とその推移

1985～1995年の10年間は魚類と水産動物の水揚額が極めて高く、この10年間は神集島の漁業の黄金時代であったように思える（図7-4）。

（2）水揚量・額の推移

ただし、水揚量のほうは豊漁と不漁の差が激しく、この10年間が豊漁つづきとは言えないが、1990年前後は水揚量も多かったと言える。

しかし、むしろ1995年以降に水揚量も水揚額も激減したことが大問題である（図7-5）。

（3）1漁業経営体および1漁業世帯当たりの動向

そして、実際上の問題は1漁業経営体当たり、あるいは1漁業世帯当たりの水揚量および水揚額の推移である。ともに1995年以降、激減し、1漁業経

92　第Ⅲ部　玄海諸島の諸相

表7-2　神集島におけるインフラ整備の進展状況

年次	事業者数	1日当たり就航回数(往復)	定期船の就航の推移 事業者名と船舶数	船舶名とトン数	就航率	補助航路	水道利用人口(人) 上水道	簡易水道	井戸	し尿処理方法の変化 水洗化人口	非水洗化人口 計画収集	自家処理
1968									1,225			
1969												
1970									1,080			
1971									1,065			
1972									1,069			
1973	2	7		第7荒神丸49、第5豊明丸2			海底送水	1,052				
1974	2	10		第7荒神丸49、第5豊明丸5				1,042				
1975	2	10		第7荒神丸49、第5豊明丸5				1,027				
1976	2	10		第7荒神丸49、第5豊明丸5				1,006				
1977	2	10		第7荒神丸49、第5豊明丸5				983				
1978	2	10~12	漁協2、宇野アヤノ1	第7荒神丸49、第5豊明丸5				985		20	965	430
1979	2	10~12	漁協2、宇野アヤノ1	第7荒神丸49、第5豊明丸5				956		20	506	430
1980	2	10~12	漁協2、宇野アヤノ1	第8荒神丸52、第5豊明丸5				950		20	500	415
1981	2	10	漁協2、宇野アヤノ1	第8荒神丸52、第5豊明丸5				935		20	500	401
1982	2	11	漁協2、宇野アヤノ1	第8荒神丸52、第5豊明丸5				921		20	500	
1983	2	11	漁協2、宇野アヤノ1	第8荒神丸52、第5豊明丸5			905			20	675	210
1984	2	11	漁協2、宇野アヤノ1	第8荒神丸52、第5豊明丸6			902			20	702	180
1985	2	11	漁協2、宇野アヤノ1	第8荒神丸52、第5豊明丸6			882			20	702	160
1986	2	12	漁協2、宇野アヤノ1	第8荒神丸52、第2神集島号14、第5豊明丸6			891			31	724	136
1987	2	12	漁協2、宇野アヤノ1	第8荒神丸52、第2神集島号14、第7豊明丸6			882			30	721	131
1988	2	14	漁協2、宇野アヤノ1	第8荒神丸52、第2神集島号14、第7豊明丸6			873			30	732	111
1989	2	14	漁協2、宇野アヤノ1	第8荒神丸52、第2神集島号14、第7豊明丸6			878			22	755	101
1990	2	14	漁協2、宇野アヤノ1	第8荒神丸52、第2神集島号14、第7豊明丸6			863			24	719	120
1991	2	14	漁協2、ユージング1	第8荒神丸52、第2神集島号14、第7豊明丸6			847			24	703	120

第 7 章　神集島　93

年												
1992	2	14	漁協 2、ユージンケイ 1	第 8 荒神丸 52、第 2 神集島号 14、第 7 豊明丸 6		809		23	762	24
1993	2	14	漁協 2、ユージンケイ 1	第 8 荒神丸 52、第 2 神集島号 14、第 7 豊明丸 6		795		24	749	22
1994	2	14	漁協 2、ユージンケイ 1	第 8 荒神丸 52、第 2 神集島号 14、第 7 豊明丸 6		787		318	459	10
1995	2	15～16	漁協 2、ユージンケイ 1	第 8 荒神丸 52、第 2 神集島号 14、第 7 豊明丸 6		753		679	73	1
1996	2	15～16	漁協 2、ユージンケイ 1	第 8 荒神丸 52、第 2 神集島号 14、第 7 豊明丸 6		736		689	46	
1997	2	15～16	漁協 2、ユージンケイ 1	第 8 荒神丸 52、第 2 神集島号 14、第 7 豊明丸 6		714		644	69	1
1998	2	15～16	漁協 2、ユージンケイ 1	からつ丸 58、第 2 神集島号 14、第 7 豊明丸 6		693		681	12	
1999	2	15～16	漁協 2、ユージンケイ 1	からつ丸 58、第 2 神集島号 14、第 11 ほうめい 6		676		666	10	
2000	2	15～16	漁協 2、ユージンケイ 1	からつ丸 58、第 2 神集島号 14、第 8 ほうめい 18		673		666	7	
2001	2	15～16	漁協 2、ユージンケイ 1	からつ丸 58、第 2 神集島号 14、第 8 ほうめい 18		647		641	6	
2002	2	16	漁協 2、ユージンケイ 1	からつ丸 58、第 2 神集島号 14、第 8 ほうめい 18	92.5～100.0	629		623	6	
2003	2	14	漁協 2、ユージンケイ 1	からつ丸 58、第 2 神集島号 14、第 8 ほうめい 18	95.3～97.5	616		600	16	
2004	2	14	漁協 1、ユージンケイ 1	からつ丸 58、第 8 ほうめい 18	96.2～99.7	605		592	13	
2005	2	14	漁協 1、ユージンケイ 1	からつ丸 58、第 8 ほうめい 18	95.9～99.8	565		553	12	
2006	2	14	漁協 1、ユージンケイ 1	からつ丸 58、第 8 ほうめい 18	95.9～99.8	546		534	12	
2007	2	14	漁協 1、UB 宇野 1	からつ丸 58、第 8 ほうめい 18	99.2～99.7	524		513	11	
2008	2	14	漁協 1、ユージンケイ 1	からつ丸 58、第 8 ほうめい 18	98.9～99.3	505		494	11	
2009	1	9	唐津汽船	汽船からつ丸 58	99.8～100.4	490		497	11	
2010	1	9	唐津汽船	汽船からつ丸 58	-	464	○	454	10	
2011	1	9	唐津汽船	汽船からつ丸 58	100.0	449	○	439	10	
2012	1	7～9	唐津汽船	汽船からつ丸 58	99.9	436		425	11	
2013	1	9	唐津汽船	汽船からつ丸 58	99.8					
2014	1	9	唐津汽船	汽船からつ丸 58						
2015	1	9	唐津汽船	汽船からつ丸 58						

資料：『離島統計年報』日本離島センター。

表7-3 営んだ漁業種類別経営体数の推移（神集島）

（単位：経営体）

年次	経営体数		網									釣り			はえなわ	採貝	採藻	海面養殖					その他の漁業
	延数	実数	沖合底びき	小型底びき	まき	船びき	敷き	刺し	大型定置	小型定置	いか	その他					のり	わかめ	たい類	かき類以外の貝類	その他	
1973	266	110	1	36				2	1	5	3		11	68	79	2	1			5	52
1978	153	85		39	1			2	1	7			16	30	26					5	29
1983	159	80	1	40	1		1	28	1	4	3	3	8	27	14			3			29
1988	165	85	1	39	1	1		27	1	5	3	8	20	25	6			4	2	3	28
1993	117	74		37	1	1		16	5	5			20	23				2	1	4	20
1998	68	64		27				12	1	3	2	2	7	…		1				5	11
2003	159	55		22		2		16	1	2	1	1	5	26	26				4	2	53
2008	75	46		15				9	2	2	1	1	2		26				4		13
2013	53	41		10				2	2	2			7		24						7

資料：漁業センサス。

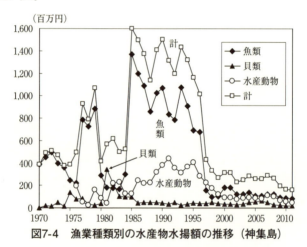

図7-4　漁業種類別の水産物水揚額の推移（神集島）

営体当たりで250万円前後、1漁業世帯当たりでは200万円弱という厳しい状況となってきている。これでは若い世代が漁業の後を継ぐことが困難と言わざるを得ない（図7-6、図7-7）。

（4）漁業種類別考察

まず漁業種類別の経営体数から神集島の主要な漁業種類が採貝（海士漁）、小型底曳、および採藻であると推測される。前2者は専業的な漁業種類であ

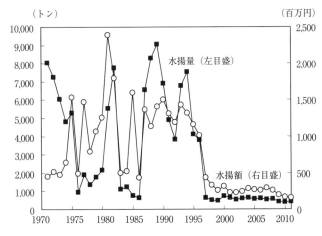

図7-5 水産物の水揚量と水揚額の推移（神集島）

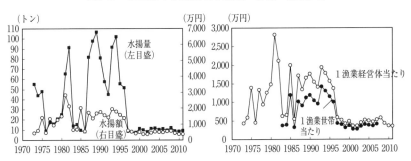

図7-6 1漁業経営体当たりの水産物水揚量と水揚額の推移（神集島）

図7-7 1漁業経営体と1漁業世帯当たりの水産物水揚額の推移（神集島）

るが、後者（採藻）は島民全体による自給的（おかず取り的）なものである。

次いで、後述するが、2013年において大型および小型の定置網が件数はそれぞれ1〜2件であるが、本島で重要な漁業種類であることを予め指摘しておきたい。

そして、このことは玄海漁連神集島支所の水産物取扱額の50％が定置網、20％が小型底曳網、16％が海士漁（採貝）であることからも分かる[3]。また、このことは後述の祇園祭（夏祭り）の山笠の山車に「村張大敷組合」「宮岬大敷」「海老網組合」および「海士組合」の4団体名が大書されていること

表7-4 販売金額別漁業経営体数の推移（神集島）

(単位：経営体、万円)

		経営体総数	100万円未満	100~300	300~500	500~1,000	1,000~2,000	2,000~5,000	5,000万円~1億円	1~10億円	1経営体平均漁獲金額
玄海海区	1973	2,202	1,139	997		22	37			7	
	1988	1,564	300	796		272	102	58	23	13	
	1993	1,372	231	641		262	130	77	22	9	
	1998	1,174	174	585		243	78	74	11	9	
	2003	1,048	195	568		174	57	37	10	7	
	2008	905	196	222	208	191	41	26	17	3	
	2013	793	197	246	169	118	23	31	6	1	
神集島	1973	110	40	65		1	3				
	1988	85	3	59		20			2	1	
	1993	74		47		21	2	2	1	1	
	1998	64	4	49		7	1	2	1		508
	2003	55	4	44		3	1	1	2		515
	2008	46	3	15	20	5	1		2		
	2013	41	4	17	16	2		1	1		

資料：漁業センサス集落カード。

にも反映されている。言うまでもなく、2つの大敷名が定置網、海老網が底曳網、海士組合が採貝にほかならない。さらに、祇園祭当日の寄付団体としてもこれら4団体が名前を連ねていることもその証左である。

こうして現在、定置網漁、底曳網漁、海士漁が神集島の3大漁業種類であると言うことができる。

そこで以下、これらの3大漁業種類の特徴と今日的問題点をそれぞれ見ていく。

1）定置網漁

①共同経営（村張大敷網）

神集島東部地先は定置網漁を行うのに極めて良好な海域（優等地）であったため、古くから定置網漁が行われ、江戸期から近代・大正期までは主に鯨を対象としていたが、その後はブリ等の一般魚類を主体とするようになった。そして、戦後は改めて島民共同の漁場として、県知事許可の県内唯一の大型定置網漁として再編され、今日に至っている。

大型定置網漁を行う組織は定款を持ち、名称を神集島村張大敷網組合と言

い、2012年7月現在、組合員は70余人、役員は4人、現場の作業員（乗組員）は14人で、その他朝食担当の女性が1人いる[4]。唐津魚市場の開いている土日祭日以外の日の夜間に組合の10トンの船2隻にそれぞれ7人、計14人が地先の網に向かい掛かった魚の取り組み作業および市場への出荷作業を行う。

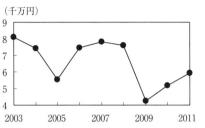

図7-8　神集島村張大敷網組合の収入の推移
資料：神集島村張大敷網組合資料。

現下の問題点は、水揚量・水揚額の減少という。その実態は**図7-8**の水揚額の減少傾向からうかがえる。

②個人経営（宮岬大敷網）

かつて、経営主（45歳・2012年現在）の祖父が長崎県大島、福岡県地の島、加唐島、および七ツ釜の4箇所で大型定置網（大敷網）を経営していたが、その後、七ツ釜以外の3箇所は他人に譲り、現在では現経営主が本土側の七ツ釜の地先において定置網（法的には小型定置網）漁を行っている。

従業員（船上作業者）は2012年末現在9人で、すべて島内の男性である。年齢構成は30代と50代が各1人でその他はすべて60代という。経営主は会計も担当し、また船舶や潜水具使用の免許を取得し従業員と共に船上作業を行い、母親（68歳）が炊事や連絡等の仕事を担当している。定置網の主要作業や時間帯は上記の村張大敷網と同様であり、また近年の水揚量・水揚額の停滞状況についても村張大敷網と基本的に同様で、厳しい状況にあるといわれる。

2）底曳網漁

2012年8月現在、底曳網のメンバーは10組存在した。かつては42組合あったという。当時の10組の内訳は、夫婦5組、親子2組、単独3組（＝3人）で、それぞれが4トン未満船を持ち夜間に島周辺で操業していた。捕るもの

はエビ・キス・カレイ・イカなどであるが、エビが主体のため、別名「エビこぎ網」と言う。なお、2～3月が禁漁期である。

目下の問題点は、水揚量・水揚額が減少したことと、持ち船が4トン未満船のため遊漁船を兼用し複合経営によって所得を補填することも困難なことであるという。

3）海士漁

2012年8月現在、海士組合員は役員9人を中心に計28名おり、うち夫婦が1組、親子が2組あり、女性（海女）は夫婦の1人（72歳）だけであった。かつては海女も10人ほどいたという。夫婦・親子を除き、それぞれ1人1隻で、禁漁期と時化以外の日に、朝9時から4時までの時間帯において、島周辺のせいぜい30m以内の地先の水深5～8mの辺りでアワビ、ウニ、サザエ、ナマコを捕っている。禁漁期は種類によって異なる。

かつて1970年代にはたくさん捕れ、儲けも多かったが、現在では採捕量も売上額も減少し、若手が継ごうとしないのが問題点だという。

5．農業の推移

1970年には農家数が152戸で専業農家もおり、水田も6ha弱存在し稲作も行われ、畑も35haあり、島の台地上は「畑ばかり」の状況で、麦を中心に豆・いも・野菜も作られ、「レンコン以外は何でもあった」と言われるほど農業が盛んで、漁業と相まって半農半漁の島だった。

しかし、それ以降は、他の玄海諸島と同様、農業は激減・消滅し産業は漁業一本の島に変化した。

こうして、今日では統計上農地も農家もないことになっており、たしかに農家と言える世帯は皆無と言えるが、自給的ではあるが10a弱の畑作を営む世帯が数戸あるし、地元で何升播きと呼ばれる作付け可能な数aの畑で季節野菜を自給したり友人に提供したりする婦人を中心とする高齢者世帯は少な

表 7-5 神集島の農業の推移

年	農家戸数 (戸)			経営耕地面積 (a)				耕作放棄地面積 (a)	保有山林面積 (a)	作物収穫面積 (a)							牛飼養農家数	家畜飼養頭羽数 (頭、羽)				農畜産物生産額 (百万円)						
	専業	1兼	2兼	計	田	畑	果樹園			米	麦類	雑穀	芋類	豆類	野菜	工芸作物		牛	豚	めん羊	鶏	米	芋	豆・雑穀	野菜	果実	工芸作物	牛	その他	計
1960	5	6	156	167	579	4,483	48		1,565	566	4,188	106	1,612	2,158	321	203	18	18	11	17	291									
1970	7		145	152	560	3,510	240	...		290	1,528	1	350	530	420	130		3				1.5	1.3		0.1	0.5	3.1	0.1	2.6	9.2
1971																						1.2	1.1		1.2	1.5	1.4		2.3	8.7
1972																						1.1	0.8		1.2	1.5	2.0		2.0	8.6
1973																						1.2	0.5		1.0	2.0	1.3		1.8	7.8
1974																						1.6	0.5		1.2	2.4	1.3		0.9	7.9
1975	1	27		28	194	868	216	12		83			41	23	74	2		4				1.3	0.5		1.5	2.0			1.0	6.3
1976																						1.0	4.5	1.0	3.0	1.5				11.0
1977																						1.0	4.5	1.0	3.0	1.5				11.0
1978																						1.0	4.5	1.0	3.0	1.5				11.0
1979																						1.1	5.2	1.2	3.3	2.2				13.0
1980		8		8	17	31	91	159		17				3	3			6				1.0	4.8	1.2	3.0	2.0				12.0
1981																						1.0	4.8	1.2	3.0	2.0				12.0
1982																						1.0	3.4	0.8	2.0	1.5				8.7
1983																						0.3	1.0	0.6	1.5	1.5				4.9

資料：『1960年世界農林業センサス結果報告〔2〕農家調査集落編』佐賀県、1961年、農業センサス集落カード、『離島統計年報』日本離島センター。

注：農業センサス集落カードは1980年までで、農畜産物生産額は1983年までで、それ以降は該当値がないため1984年以降の表出を省略。

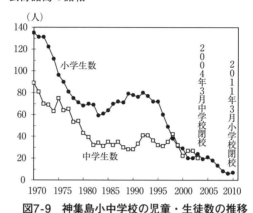

図7-9 神集島小中学校の児童・生徒数の推移

資料：『離島統計年報』日本離島センター。

くない。また、全戸調査の際、著者らは1戸のみだが野菜を販売していると語る女性にも遭遇した。

　こうして、かつての島の畑はほとんど放棄され山林に戻ったが、山間の、あるいは自宅周辺や沿岸部のなけなしの小規模な畑では自給的な野菜栽培が営々と継続されていることが確認された。

　そして、これらの家庭菜園的な「野菜作り」は、野菜購入機会に恵まれない本島の高齢者の身近な必需品の確保という意味を持つことはもちろんだが、むしろそれ以上に島の良好な環境下で日常的に体を動かし健康を維持する「畑作り」「土いじり」という役割が大きいことに注目しなければならない。

　したがって、目下の野菜作り（畑づくり）の敵であるイノシシの駆除は、「野菜作り」という物的な物の確保上の問題もあるが、むしろ高齢者の健康維持上重要な役割を持つ良好な野外での「畑作り」作業を確保・維持する上でも重要な事柄であると言うことができる[5]。

6．少子化による教育・福祉施設問題

（1）小中学校の閉校

　近年の中学生生徒数および小学生児童数の激減を受けて、市教育委員会の

方針の結果、2004年3月に中学校が閉校、2011年3月に小学校が閉校になった。ただし、生徒や児童がいなくなったわけではないため、その後現在に至るまで中学生と小学生は定期船で本土の湊中学校と湊小学校にそれぞれ通学している。

こうして現在は、閉校になった小中学校の跡地利用が課題となっている。

(2) 保育園の存続

1968年に神集島保育園が設立され、当時、園児数は定員満員の45名いたが[6]、その後は減少傾向が続き、2007年度から組織も湊保育園分園神集島保育園に変わったため、副園長も保育士2名も本土からの通勤となり、それ以降、定期船で本土の本園に通うことが多く、実際上は現在の小中学生と同じように、保育園の時から本土に通園するスタイルを取っている。そして、2014年には園児数がこれまで最低の1名となるに至った。

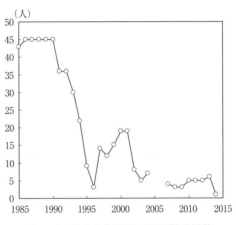

図7-10　神集島保育園の園児数の推移

資料：離島統計年報』日本離島センター。湊保育園資料。
注：2005年と2006年はデータなし。2007年以降は本土の保育園の分園となった。

7．観光対策

(1) 観光客数と宿泊者数の推移

宿泊者数は1990年以降、一方的に減少した。その要因は後述のように旅館・民宿数の減少である。一方、観光客数は1985年頃から2002年頃まではそれまでの半分ほどに減少していたが、2003年以降は3万人台に回復している。こ

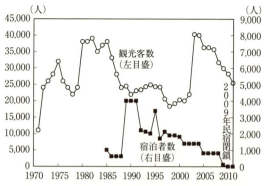

図7-11 神集島への観光客数と宿泊者数の推移

資料:『離島統計年報』日本離島センター。

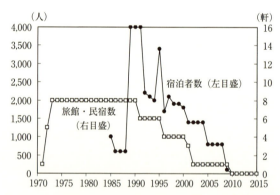

図7-12 神集島における宿泊者数と旅館・民宿数の推移

資料:『離島統計年報』日本離島センター。

の回復傾向がその後継続するかどうかは不明であるが、観光客を受け入れる課題をあきらめずに改めて検討する余地が大きくなったと言える。

(2) 宿泊者数と旅館・民宿数の推移

上述のように、1990年以降の宿泊者数の減少の要因は旅館・民宿数の減少によるが、しかし両者はともに要因であると同時に結果でもあり、ともに悪循環を繰り返していると言える。そして、2009年にはついに島内には旅館・

民宿がなくなり、宿泊所は後述の佐賀大学合宿研修所のみとなり、今のところ本研修所は佐賀大学関係者以外は利用できないため、2009年以降、一般の旅行者が宿泊する施設は島にはなくなってしまった。

8．諸団体の活動

（1）地域共同売店「神集島購買部」

　神集島には「神集島購買部」と呼ばれる県内唯一の地域共同売店が存在する。本店が形成された要因は、島内が6つの血縁・地縁単位となっていることに見られるように、島内住民間での売り買いの商売形成には抵抗があったため、地縁的な共同形態での立ち上げとなったからと理解される。立ち上げ時期は1950年頃と推測され、当初は農協組織の一部として存在したが、1982年の農協組織の消滅に伴って独立し、今日に至っている。

　現在は順調に運営され、住民の必需品購買を支え、また交流の場としても役立っているが、人口減少とともに、売上額がじり貧になり、当期欠損も発生するような状況にいかに対応するかが課題となっている[7]。

（2）老人会

　1978年に結成され[8]、当時は60歳以上の者を対象として130人ほどの会員がいたが、現在は65歳以上を対象に111人の会員となっている。高齢化・長寿化で65歳以上でも現役の者はなかなか入らないと言う。また、女性が81人、男性が30人で、女性中心の活動となっている。

　活動は、日常的には閉校となった小学校の校庭でゲートボールを、また老人憩いの家（類似公民館）でカラオケを行っている。年間行事としては市全体のグランドゴルフ大会やレクリエーション大会に年1～2回出場し、新年会や温泉旅行も行っている。

　著者が参与観察したカラオケの様子から、参加者は余暇を楽しみ、リフレッシュしていると感じた。

(3) デイケア施設

　他の6島と異なり、本島の高齢者デイケア施設は個人経営である。2011年10月までは唐津市本土の経営者が有限会社の老人デイケア施設を運営していたが、2011年11月からはそのサービス内容を島内のNさんが引継ぎ、施設の名称を変更し、また企業形態も有限会社から合同会社に変更して今日に至っている。

　なお、Nさんがこのデイケア施設を継承した背景は、島外で長らく看護師として勤務し、また祖母の介護の経験から得た高齢者福祉への信念・貢献である。

　施設のメンバーは、2012年12月現在、代表社員のNさんとヘルパーと調理・介護担当者の女性3名。利用者は81歳から97歳の年齢幅の女性9人、男性1人であり、利用日は月～金の9時から4時までとなっている。

(4)「石割り豆腐」生産者グループ

　島にはルーツは不明（大陸由来とも言われている）だが、昔から「石割り豆腐」という独特の食品が伝わってきていたため、「若潮会」という漁協婦人部が1998年から市の島作り事業の支援を得て「石割り豆腐」と呼ばれるこの硬めの豆腐を復活させ、製造販売を始めた。そして2012年現在、婦人部メンバーは10人ほどいるが、実働は代表者のTさんと製造者のMさんの2人で、月300～400丁ほど製造している。常時出荷先は唐津市内のマイヅルの本店と同スリーナインとAコープ熊の原店、そして島内の購買部の4店舗であり、その他イベントの時はそちらにも出品する。価格は購買部では1丁250円、島外店では同260円とコストに見合った設定をしている。

　儲けはないが伝統食品の維持という目的で行っている。原料の大豆の産地が県内の白石・鹿島であること、および近年の大豆価格高騰から、目下、島内生産の可能性を探っている。問題は担い手の確保である。

（5）佐賀大学合宿研修所

2011年度における研修所の一部改修を機に、利用者が増えた。今後は研修所自体においては全面改修、および外部的には研修所利用を通じた地域交流・地域貢献への展開・発展が課題となる。

（6）祇園祭

上記の合宿研修所の利用に合わせて、地域交流という位置付けで、佐賀大学農学部の授業・ゼミの取組として著者は2012年度は7月開催の祇園祭に学生4人ともども参加した（第1章扉写真）。今後は、その定着と地域交流から地域貢献への進化が課題である。

他方で、2012年以降九州大学の大学院生が島に住み込み島民と一緒に閉校となった小中学校の再利用の方向性等を探っており、成果も現れ注目される。なお、この点については終章でも触れたい。

9．まとめ―提言に代えて―

少子超高齢化の中で、今日島問題は大きく2つ、すなわち玄海諸島の中で最も高齢化率の高い神集島において高齢者を中心に島民が「今をいかに充実させて島で生きていくか」ということと、若者や中堅層が「将来いかに元気な島を作るか」の2つの観点が重要と思われる。

インフラは整ったように見えるが、診療体制の面等では神集島だけでなく同様の体制の島と共同で唐津市全体の改善方向と関わらせて復旧要求を出せないだろうか。漁業は玄海諸島全体で厳しい状況が共通しているため、イカの一斉休業等に見られるように、今や「日本の漁業」という観点から全国的組織を通じて漁業者にも戸別所得補償制度を求める時期ではないだろうか。

イノシシ等の鳥獣害対策は玄海諸島の中で先進事例と見られるため、市レベルで行政がモデル化し支援して玄海諸島全体に広めると同時に、沖縄以外

の島にも作物生産維持や鳥獣害対策が可能なように「中山間地域等直接支払制度」や農業環境保全直接支払制度を適用できるようにする働き掛けが必要ではないだろうか。また、その際、イノシシ等の鳥獣害対策は作物生産維持という生産対策のみでなく、高齢者等の健康面の維持上から長寿社会維持目的でも重要という新たな位置付けが可能となると考える。

小中学校跡地は、高齢者の活動場所として活用したり、宿泊所がなくなった今、宿泊所としての新たな利用も考えられる。また、かつて盛んだった農業・漁業や古き諸文化の歴史を伝えるアーカイブスとしての利用も可能である。

そして、以上のような新たな模索は、老人会やデイケア施設や石割り豆腐生産者グループなど高齢者主体の団体の活動に見られるように、元気な高齢者の活動から十分に可能性を持つものと考えられる。

さらに、このような模索に佐賀大学や合宿研修所が何らかの手助けとなれば幸いである。

【注】
（1）淡路哲也・沖野三郎編『神集島』関西学院大学地理研究会、1985年、13頁。この点は表7-2とも一致している。
（2）前掲淡路・沖野編、38頁。
（3）玄海地域漁業協同組合連合会神集島支所資料より。
（4）平田翔「神集島における定置網漁業の役割」2012年度佐賀大学農学部卒業論文、2013年を参照。
（5）内田尚希「離島における鳥獣害被害の実態と課題」2012年度佐賀大学農学部卒業論文、2013年を参照。
（6）上掲淡路・沖野編、37頁。
（7）林美智子「離島地域における地域共同売店の役割と問題点」2011年度佐賀大学農学部卒業論文、2012年を参照。
（8）上掲淡路・沖野編、34頁。

第8章

小川島

定期船「そよかぜ」から振り返り見る小川島全景

小川島港に係留中の島内最大漁業種類のイカ釣り用漁船

要約

　新離島振興法における離島航路料金支援策を利用することによって定期船の増便や運賃の低廉化が期待される。地域医療に関しては1979年に診療所が改築されて自治医科大学卒業の医師を迎え入れたことを受けて1980年に結成された「小川島島民の健康を守る会」の活動の原点に改めて立ち返ることが、医師と島民が一緒になって超高齢化先進地域としての島の医療システムをよりよいものにしていくことにつながる。そして、そのことを通して元気になった高齢者を中心に、島独特の掛け替えのない自然（海・海浜・野原・山・生物）と捕鯨・巾着・イカ釣り・海士漁といった島の漁業の歴史やお祭り・民謡等の維持・保存を中年（後継者）世代や子ども世代とともに記録し、学校等に公開・展示し、今ある捕鯨と巾着の歴史記録に追加していけば、捕鯨と巾着だけでない漁業全般や豊かな島の自然や歴史物語を島内外に知らしめることによって、観光の取組も広がっていく。そのことはまた、子どもたちも島への理解と愛着を深め、一生、長い目で、島の応援団となっていってくれる。

　イカ漁は不漁と価格低迷と燃料費高騰の三重苦によって呻吟し、生き残りを掛けた活魚も伸び悩んでいるため、後継者難を通じて、人口減の流れに棹さしている。したがって、目下の課題として、イカ加工品とその生産量の増加および養殖を含めた魚類や水産動物の見直しが求められる。

　かつて盛んだった農業は「作物生産」に縮小したが、現在の作物生産は自給生産・安全安心作物・健康・趣味・生き甲斐などの点で経済的・非経済的価値を有するため、目下、集落周辺に残されたなけなしの畑をイノシシ等の被害から守るためワイヤメッシュ敷設か猟師による駆除かの適正手段の検討が急がれる。なお、イノシシ被害は多くの玄海諸島で共通する大きな問題であるため、7つの島の既存組織を活かして、情報交換等を行いつつ玄海諸島全体で取り組んでいく必要がある。その際、佐賀6次産業化サポートセンタ

ーに相談する方法もある。

また、以上の漁業や観光を推進し、進化・レベルアップするためには、その基盤として島民自身による島の環境整備、すなわち島の自然と観光路と住居周辺環境のより一層のブラッシュアップが求められる。松やハーブの植栽の失敗を踏まえて、加唐島の椿や松島のオリーブとは異なった、小川島の風土に合った特色ある草木や花卉・花木も検討されたい。

1. はじめに―課題―

本章は、玄海諸島の中では人口・世帯数の多さを競ってきた3つの島のうちの1つである小川島の漁村の変容過程を確認し、現在の問題点を抽出し、将来展望を試みるものである。なお、小川島では島民世帯悉皆調査を目指した訪問調査のみならず、その最中に、調査報告と講演会を兼ねた佐賀大学主催の集会（2012年3月11日:「玄海諸島活性化フォーラムin小川島」）も行ったため、そこでの島民の意見等も参照して、取りまとめた。

図8-1 小川島の地図

資料：国土地理院2万5千分の1地形図「呼子」（昭和61年）の一部を85%大で転写。

2. 人口・世帯数および年齢構成の推移

(1) 人口と世帯数の動向

島の人口のピークは1955年頃であった。このような傾向は他の島でも大方共通しているが、小川島の場合は、イワシ巾着網の終了と期を一にしているのは偶然ではない。後述のごとく、イワシ巾着網が盛んな時期は島外から網

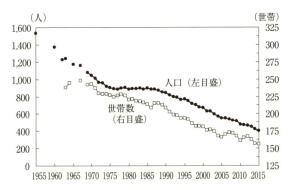

図8-2　人口と世帯数の推移（小川島）

資料：『全国離島人口総覧〔改訂版〕』全国離島振興協議会、1983年、
　　　『離島統計年報』日本離島センター、唐津市ホームページ。

子（雇用者）として島内に出稼ぎに来ていて島民と結婚して島内に居ついた人も少なくなかったためである。

　もちろん、1955年以降の人口減少の一大要因が日本の高度経済成長に伴っての島民の島外（特に都市部）への流出であったことは言うまでもないし、この点も他の玄海諸島において共通している。

　そして、1970年代半ばから1980年代半ばまでの10年間ほどは団塊ジュニア世代の微増に伴って人口減少が緩やかになっていたが、それ以降は人口の減少傾向が強まってきていることが見て取れる。

　他方、世帯数は大きな変化はなく、一貫して減少傾向を続けている。

（2）少子・超高齢社会

　図8-3は小川島の2005年と2010年の国勢調査結果のデータを人口ピラミッドに描いてみたものだが、一見、両年間に大きな変化は見出しにくい。しかし、高齢者率は2005年の37.2％から2010年は39.4％へと小幅ではあるが上昇し、この数値は神集島に次いで高く、この間に超高齢社会に確実に進んだことを忘れてはならない。こうして、既に超高齢社会が到達したことを前提に今後を考える必要がある。

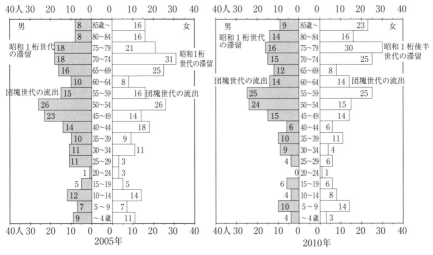

図8-3　小川島の人口ピラミッドの推移

資料：国勢調査。

表8-1　小川島における年齢階層別・性別人口割合の推移

種類	性別	2005年	2010年
年少人口	男	12.6	9.1
	女	12.6	10.9
	計	12.6	10.1
生産年齢人口	男	56.8	57.4
	女	44.5	44.5
	計	50.2	50.5
老年人口	男	30.6	33.5
	女	42.9	44.5
	計	37.2	39.4

資料：国勢調査。

3．インフラの整備状況

（1）通信

　1947年に海底敷設によって電話が開通し[1]、それ以降、小川島でも電話が一般化していった。

表 8-2　小川島におけるインフラ整備の進展状況

年次	定期船の就航の推移						水道利用人口（人）		し尿処理方法の変化		
	1日当たり就航回数（往復）	事業者名	船舶名とトン数	就航率	補助航路		簡易水道	井戸	水洗化人口	非水洗化人口	
										計画収集	自家処理
1947	1	川口定夫	小川丸								
1948	1	川口定夫	小川丸								
1949	1	川口定夫	小川丸								
1950	1	川口定夫	小川丸								
1951	1	川口定夫	小川丸								
1952	1	川口定夫	小川丸								
1953	1	川口定夫	小川丸								
1954	1	川口定夫	小川丸								
1955	1	川口定夫	小川丸								
1956	1	川口定夫	小川丸								
1957	2	川口定夫	小川丸								
1958	2	川口定夫	小川丸								
1959	2	川口定夫	小川丸								
1960	2	川口定夫	小川丸								
1961	2	川口定夫	小川丸								
1962	2	川口定夫	小川丸								
1963	2	川口定夫	小川丸								
1964	2	川口定夫	小川丸								
1965	2	川口定夫	小川丸								
1966	2	川口定夫	小川丸								
1967	2	川口定夫	小川丸								
1968	2	川口定夫	小川丸					1,155			
1969	2	川口定夫	小川丸								
1970	2	川口定夫	小川丸					1,047			
1971	2	川口定夫	小川丸					1,013			
1972	2〜3	川口定夫	小川丸					963			
1973	3	川口定夫	小川丸 20					956			
1974	3	川口定夫	小川丸 20					916			
1975	3	川口定夫	小川丸 35					903			
1976	3〜4	川口定夫	小川丸 35				海底送水	888			
1977	3	川口定夫	小川丸 35				887				
1978	3	川口定夫	小川丸 35				895			875	20
1979	3	川口定夫	小川丸 35		○		906			886	20
1980	3	川口定夫	小川丸 35		○		887			780	107
1981	3	川口定夫	小川丸 35		○		889			780	109
1982	3	川口汽船	小川丸 35		○		891			780	111
1983	3	川口汽船	小川丸 35		○		897			780	117
1984	3	川口汽船	小川丸 35		○		886			780	106
1985	3	川口汽船	小川丸 35		○		896			780	116
1986	3	川口汽船	小川丸 35		○		884			884	
1987	3	川口汽船	小川丸 35		○		882		11	691	180
1988	3	川口汽船	小川丸 48		○		870		14	856	
1989	3	川口汽船	小川丸 48		○		851		43	808	
1990	3	川口汽船	小川丸 49		○		843		43	800	
1991	3	川口汽船	小川丸 49		○		816		41	775	
1992	3	川口汽船	小川丸 49		○		798		41	757	
1993	3	川口汽船	小川丸 49		○		788		46	742	
1994	4	川口汽船	小川丸 49		○		761		56	705	

年								
1995	4	川口汽船	小川丸49		○	767	68	699
1996	4	川口汽船	小川丸49		○	747	75	672
1997	4	川口汽船	小川丸49		○	713	71	642
1998	4	川口汽船	小川丸49		○	700	88	612
1999	4	川口汽船	そよかぜ80		○	678	89	589
2000	4〜5	川口汽船	そよかぜ84		○	667	89	578
2001	4〜5	川口汽船	そよかぜ84	97.7	○	629	89	540
2002	4〜5	川口汽船	そよかぜ84	99.1	○	629	89	540
2003	4〜5	川口汽船	そよかぜ85	99.1	○	595	83	512
2004	4〜5	川口汽船	そよかぜ85	98.5	○	572	77	495
2005	4〜5	川口汽船	そよかぜ85	98.5	○	552	387	165
2006	4〜5	川口汽船	そよかぜ85	99.1	○	550	391	159
2007	4〜5	川口汽船	そよかぜ85	99.7	○	535	447	88
2008	4〜5	川口汽船	そよかぜ85	100.0	○	522	465	57
2009	4〜5	川口汽船	そよかぜ85	100.0	○	513	457	56
2010	4〜5	川口汽船	そよかぜ85	100.0	○	477	467	10
2011	4〜5	川口汽船	そよかぜ85	100.0	○	471	466	5
2012	4〜5	川口汽船	そよかぜ85	99.6	○	461	405	56
2013	4〜5	川口汽船	そよかぜ85					
2014	4〜5	川口汽船	そよかぜ85					
2015	4〜5	川口汽船	そよかぜ85					

資料：深野敏一編『小川島〔上〕』福岡県戸畑中央高等学校、1973年、『離島統計年報』日本離島センター、および聞き取り調査。
注：1）空欄は該当なし、あるいは不明。
　　2）1日当たり就航回数の波は季節による変化である。他の表も同様である。

（2）電気

　1968年に海底ケーブルによって小川島全域が電気の恩恵にあずかることになった[2]。この工事は隣の加唐島と松島との3島で一体的に行われた[3]。7島の中では最後の送電工事であったが、これでもって玄海諸島7島すべてに電気が届くことになった[4]。

　それまでは1947、48年頃からディーゼル発動機による自家発電が行われていたが、容量不足のため1日4〜5時間の時間点灯に限られていた[5]。

（3）定期船

　1871年に郵便制度が開始されてから定期船（郵便船）が就航したが、当時は釣り船で一日一往復していた[6]。戦後は1947年から川口定夫氏所有の小川丸が1956年まで一日一往復したが、57年から72年6月までは1日2往復になり、また72年7月から3往復に増便され[7]、さらに94年からは4往復に、そして2000年からは冬場の平日は4往復、夏場と土日祭日には5往復となり

今日に至っている。なお、定期船の所有・運営者が代々川口家であることは変化がない。また、定期船名は1999年から小川丸から「そよかぜ」に変わった[8]。

（4）上水道

1976年までは島内の井戸に依存していたが、1977年に本土側からの海底送水が完成し、それ以降は全面的に簡易水道方式に移行した。

（5）下水道

1978年当時は一部に自家処理もあったが大半は計画収集であり、そのような状況は87年まで続いた。87年になって大半が計画収集で一部に自家処理が残っていたが、同時に新たに一部が水洗化になった。そして、翌88年には大半が計画収集である点は変わりないが、自家処理が解消し、水洗化人口が増加し始めた。その後、一方で水洗化人口がますます増加するのに対し、逆に計画収集人口が減少し始め、2005年には両者の関係が逆転し、それ以降は水洗化人口が大半を占め、また増加傾向を示しているのに対し、計画処理人口は急減している。したがって、いずれ近いうちに全面的に水洗化されるものと推測される。

（6）診療所

1979年までは診療所はあっても、医師は島外から週1日のみ来る状況であったが、80年に診療所が改築され、その年から自治医科大学卒業の研修医が常駐する体制となった。また、このことを契機に同年に「小川島島民の健康を守る会」が結成されたことが注目される。この会は、当時、高齢化が進み健康管理要求が高まったことや、出稼ぎ（後述）シーズンには老人と子どもしかいない家庭が多くなったこと等を背景に結成され、メンバーは医師と会長（区長が兼任）、副会長2名、幹事8名（副会長を含む）、衛生委員10人、企画委員25人、会計2人、監査委員2人、計49人からなる、まさに「島ぐる

み」の組織であった。そして、本会の主要な仕事は、毎年4月から9月頃の出稼ぎ開始時期までに島民健康診断をスムーズに行わせることだった。また、あわせて健康教育の講演会の実施も行ったという[9]。

現在は実施されていないが、診療所の仕組みは変わっていない。

4．漁業の問題と対策

（1）小川島漁業小史―捕鯨・巾着網・イカ釣り―

小川島の近代以降の漁業の歴史をおおまかに整理すると、図8-4のようになる。以下、その概要を説明する。

1）捕鯨漁

小川島における捕鯨の歴史は有名であり、それに関する記述も少なくないため、詳しくはそれら[10]に譲るが、小川島を基地（解体場）とした玄界灘近海捕鯨業が江戸初期から歴代の唐津藩主の庇護の下で始められ、天保年間の中尾家三代目甚六のときに繁栄を極めた（「黄金時代」）と言われるように、江戸封建制下での産業振興であったことから、勤労者たる島民への分配はおのずと限られたものであったと推測される。すなわち、捕鯨業からの最大の利益配分者は鯨組当主（中尾組）と唐津藩であり、小川島の勤労島民への分配分はそれらを控除した分となったため、勤労島民が一義的に経済的に潤ったと言い切ることはできないのではないか、と考えるからである。また、捕鯨のシーズンも冬場の4か月ほどに限られていたため、その他の期間には島民（漁民）は捕鯨以外の漁業に携わる必要があった。このような評価は後述の巾着網漁との比較で特にそのように感じるのである。

さて、その捕鯨も江戸末期から衰退期に入り、明治以降の不漁続きのもとで中尾組（三代目中尾甚六）が捕鯨の権利を放棄した後には1878年に小川島捕鯨組が組織されて捕鯨を継続し、さらに1899年には小川島捕鯨株式会社が組織されて小川島捕鯨組に代わって捕鯨を継続してきたが、捕獲数は江戸期

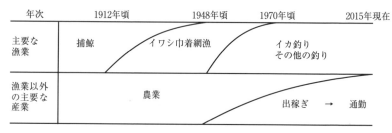

図8-4　小川島における産業の変遷

資料：国勢調査。

に比べて激減したため、同会社もついに1948年には閉鎖され、この年をもって小川島を基地とした捕鯨は終了するに至った。

２）巾着網漁──「銀世界」で「島の東京」(11)──

　こうして歴史の長かった捕鯨漁が下降線をたどる中で、大正元（1912）年に島内に巾着網グループが２統（漁労体）組織されたことを契機に、以後、この巾着網によるイワシの捕獲とイリコ製造が小川島の漁業の中心となっていった。

　当初は東西２組の巾着網が操業していたが、戦後直後にさらに中・太陽・旭という新たな３組のグループが結成され、1950年代の最盛期にはこれら５グループでの操業が行われた。各グループの船と作業員の構成は、①19トン級の伝探船（イワシを捜す船）１隻に３人程度、②５トン級の火船（集魚灯を焚く船）３隻にそれぞれ３人の計９人ほど、③10トン級の網船２隻にそれぞれ15人で計30人、④５トン級の積み船（イワシ運搬船）３隻にそれぞれ３人の計９人ほどが乗るという態勢をとり、計60〜70人の男たちが計９隻の船を以下のような順序で操業させたのである。

　夕方６時頃に港に集合し、6:30〜7:00頃に出航し、30分ほどで漁場に到着する。

①そこでまず１隻の伝探船がイワシの群れを探す。

②イワシが見つかったら、３隻の火船が３箇所に分かれて２時間ほど集魚灯

を焚きイワシを集め、次いで3隻が1箇所に集まってきて、3つのイワシの群れを1箇所に集める。
③2隻の網船が火船3隻を取り囲むように網を入れて広げていき、イワシの群れを捕らえる。
④網で捕らえたイワシを積み船に乗せ、3隻が順番に可及的速やかに港にピストン輸送する。積み船がなぜ3隻も必要だったかというと、時間がたつとイワシが死んで沈み、網が破れたりするのを防ぐためという理由もあったが、ともかく新鮮なうちに一刻も早く港に持ち帰って加工処理をする必要があったからという。

1950年代の最盛期には「捕れすぎた」ほどで、イワシを「玄界灘のごみ」と呼んだり、「イワシが玄界灘から韓国まで続いていた」と表現したりしたという。

これらの作業を場所を変えつつ一晩中数回行い、朝6〜7時頃に帰港する。

こうして、イワシ巾着網漁とは、9隻1組の60〜70人による協業と分業の比較的大きな船団（漁労体）であったと言える。そして、このような船団が5組あったわけだから、1950年代には、小川島周辺でそのシーズンには5組で計45隻・300〜350人規模の一大船団群がイワシを捕っていたわけである。

次いで、こうして港に持ち帰られた生のイワシは、各グループの出資主体である「株主」メンバーに配分され、世帯主妻を中心に各世帯において、煮沸・乾燥されてイリコが製造され、出荷された。イリコ製造を行う世帯の多くは島外から主に女性雇用者を雇い、多いところでは1世帯で3人ほどの雇用者を雇ったという。雇用者は県外からも調達され、とくに熊本県天草地方から「しめなや姉ちゃん」と呼ばれた女性人夫が来ていたという[12]。

こうして、最盛期に、煮沸されたイワシが島中いたるところで乾燥された様子は、「イワシの鱗で銀世界」と表現されたという。

さて、以上のイワシの巾着網漁とイリコ製造の島民世帯への経済的影響であるが、上述の捕鯨漁に比して大きかったと思われる。その理由は、捕れたイワシは全て巾着網グループ（漁労体）を組織する構成員（株主）に配分さ

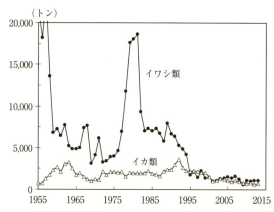

図8-5 佐賀県玄海海区におけるイワシ類とイカ類の漁獲量の推移
資料:『佐賀農林水産統計年報』佐賀農林水産統計協会。

れ、イリコに製造され出荷されたため、販売額の利益の全てが構成員＝島民に還元されたからである。島民が労働者であっただけでなく網元（経営主）でもあったからである。また、漁の期間も捕鯨漁が12月から翌年3月までの4ヶ月間ほどであったのに対し、イワシ巾着網漁は5・6月〜10月末までの5〜6ヶ月と比較的長かったことも重要である。こうして、イワシ巾着網・イリコ製造の経済的効果は極めて大きかったと評価しうる。

　このような経済的繁栄は周辺地域から「島の東京」と呼ばれたという。

　しかし、図8-5のように1958年頃からイワシの漁獲量は激減し、他方で化学調味料の普及によってイリコの価格が下がり巾着網経営の採算性も悪化したため、網元の解散が続き、ついに1964年には網元がなくなった。ただし、1966年頃に小川島の石井満さんが今度は個人で小イワシを捕る巾着網漁を開始した。しかし、漁獲量はますます減少していったため、石井さんも1970年頃には巾着網漁を廃止せざるを得なかった。こうして、1970年頃に小川島のイワシ巾着網漁に終止符が打たれた。

3）イカ釣り漁

　イワシ巾着網漁を行っていた株式組織が解散したあとは、漁業者はそれぞ

れ個別的に漁を行うようになった。その1つがイカ釣りであった。そして、1969年に呼子町に開店した料理店が初めてイカの活魚料理を出して好評を得たことが契機となり、同様の料理店の開店や既存の料理店がイカの活魚料理を出す動きが活発化したことを背景に、イカの漁獲量も増加していった。こうして、小川島を中心に呼子町の漁業はそれ以降はイカを中心にして今日まで行われている。

(2) 近年の動向

表8-3に種類別に見た漁業経営体（正確には漁労体）数を示した。1970年代以降は経営体のほとんどがイカ釣りであり、小川島の漁業の中心がイカ漁であり、1998年頃にはますますイカ漁に収斂し、イカ漁の割合が高まり、まさに「小川島の漁業はイカ」であると言えたが、その後はイカ釣り経営体数が減少するのに対して「その他の釣り」経営体数が増加し、イカ専門からイカとそれ以外の漁を行う複合経営体の割合が増えてきている。それは、イカの水揚量が減少してきたためである。

さて、近年の水揚状況を**図8-6**に示した。水揚量は1970年代以降今日まで

表8-3 営んだ漁業種類別経営体数の推移（小川島）

(単位：経営体)

年次	経営体数 延数	経営体数 実数	網 小型底びき	網 まき	網 船びき	網 敷き	網 刺し	網 小型定置	釣り いか	釣り その他	はえなわ	採貝	採藻	海面養殖 たい類	海面養殖 かき類以外の貝類	海面養殖 その他	その他の漁業	活魚販売あり
1973	249	121	22	1					108	91	1	10	12				4	
1978	303	143	29			4	2	1	124	114	1	13	10			5		
1983	201	133	2			1		1	119	53		16	8				1	
1988	170	114			1			1	102	7		17	9				33	
1993	176	105					1		94	46		23	10		1		1	63
1998	108	81						1	77	16		10	2		1	3	1	96
2003	213	79				1	1	1	68	23		10	28	1	3	2	75	69
2008	123	70	1			1	1		61	32	2	12			3	2	9	
2013	90	57							45	36		9						

資料：漁業センサス。

120　第Ⅲ部　玄海諸島の諸相

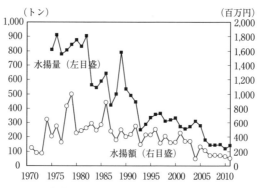

図8-6　水産物の水揚量と水揚額の推移（小川島）

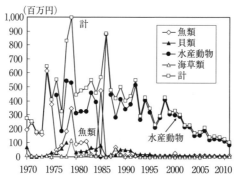

図8-7　漁業種類別の水産物水揚額の推移（小川島）

激減傾向を示している。他方、水揚額は1970年代には増加傾向を見せたが、それ以降は減少傾向に転じた。

　その中身を**図8-7**で見た。図から1980年代以降の水揚額減少の要因が水産動物の水揚額の減少にあることが分かる。それは主にイカの水揚量の減少である。この点について小川島の漁師は口々に「イカが捕れなくなった」と語っている。また、あわせてウニ等の水揚量の減少も無視できない。

　また、**図8-7**から水揚額が増加傾向を見せた1970年代には魚類もそれに多く寄与していたが、1980年代以降は魚類の水揚額が激減してしまったことが分かる。さらに、70年代や80年代には少なからずの水揚額が見られた海藻類

や貝類もその後はグラフ上では極めて少なくなった。

こうして、現在、小川島の漁業は、イカに収斂しながら、しかしそのイカの水揚量・額が減少傾向にあるという厳しい状況にある。

(3) 経営動向

では、それぞれの漁業経営体はどういう状況なのであろうか。

そこで、1漁業経営体（漁家）当たりの水揚量と水揚額を図8-8に示した。1経営体においても上記の全体動向と同様であった。すなわち、1経営体においても1980年代には4トン前後あった水揚量が90年代以降はほとんど4トン水準を切るように減少した。また、水揚額も80年代の400万円前後の水準から2000年以降は200〜300万円水準に激減した。ここに、かつて「出稼ぎの島」（5．で後述）と言われ、今日でも冬場の出稼ぎ者が見られること、および後継者難の主要な要因を確認することができる。訪問した漁師は「後継者に残れとは言えなくなった」と異口同音に応えた。

以上のことは、表8-4の販売金額別漁業経営体数の動向においても、たとえば1経営体当たり漁獲金額が1998年の498万円から2003年には292万円に激減したり、最大多数の販売額階層が2008年の300〜500万円層から2013年には100〜300万円層に低下したりしたことからも窺い知ることができる。

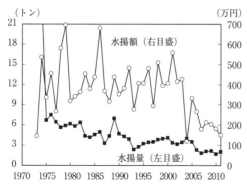

図8-8　1漁業経営体当たりの水産物水揚量と水揚額の推移（小川島）

表 8-4　販売金額別漁業経営体数の推移（小川島）

(単位：経営体、万円)

		経営体総数	100万円未満	100~300	300~500	500~1,000	1,000~2,000	2,000~5,000	5,000万円~1億円	1~10億円	1経営体平均漁獲金額
玄海海区	1973	2,202	1,139	997		22	37			7	
	1988	1,564	300	796		272	102	58	23	13	
	1993	1,372	231	641		262	130	77	22	9	
	1998	1,174	174	585		243	78	74	11	9	
	2003	1,048	195	568		174	57	37	10	7	
	2008	905	196	222	208	191	41	26	17	3	
	2013	793	197	246	169	118	23	31	6	1	
小川島	1973	121	68	53							
	1988	114	13	59		37	4	1			
	1993	105	16	56		31	2				
	1998	81	1	41		36	2	1			498
	2003	79	9	60		9	1				292
	2008	70	10	10	34	15	1				
	2013	57	7	28	13	9					

資料：漁業センサス集落カード。

（4）今後の方向

　現在の小川島の漁業の中心はイカ釣りであり、小川島のイカの水揚量は呼子町全体の3割前後を占めている[13]。小川島のイカの出荷形態は活魚と鮮魚がほぼ相半ばしている。しかし近年、活魚イカも鮮魚イカも水揚量・額ともに減少してきているため、漁家はイカだけでなく、魚の割合を徐々に増やしてきているようである。

　関連して、2005年度から離島漁業再生支援交付金による取組も開始され、ウニ・アワビの種苗放流、藻場再生、イカ加工品の販売促進、漁場監視等の活動が行われてきたが[14]、すぐには成果が現れない地道な活動だけに今後とも継続されていく必要があろう。

　さて今後は、対象漁種としては、鮮魚と活魚のイカを中心としつつも、あわせてサワラ等の魚の水揚げ増加と販売方法への対応が重要となってこよう。漁業経営体においても、イカ専門漁師からイカと魚の両方を目指す複合形態、また一方での魚への専門化というように、多様性を持ってくることになる。

　水産物の出荷先については、表出は省略したが、有利な価格形成を示す市場が選考されるため、地元市場と地元外市場の割合は、年によって変動が見

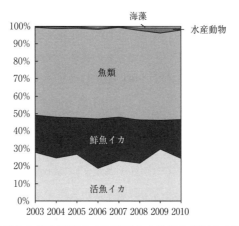

図8-9 小川島漁業協同組合の漁種別水産物販売額割合の推移
資料：小川島漁業協同組合資料。

られるものの、量・額ともに地元市場への出荷が中心となっている。したがって、今後は、地元市場を中心にしつつも、あわせて地元外の市場も重視する二方面戦略をとるとするならば、それぞれの市場においてより有利なものを販売するということ、すなわち、それぞれの市場において可能な高付加価値商品の出荷が基本戦略となると見られる。そして、その際、終章で提言するように、玄海諸島7島および小川島の特徴的な有用資源と環境整備を活かした漁業の振興とその加工・販売の促進という観点が求められることになろう。

5．出稼ぎの島

　先述のイワシ巾着網漁が盛んだった頃は、それは夏場に行われたため、冬場は漁師は畑で麦等の栽培を行い、夏場の芋類の栽培とあわせて畑作二毛作が行われ、「畑には草一本もなかった」という。こうして、当時は漁師は農民でもあり半農半漁の生活が行われていた。
　しかし、1960年代に入りイワシ巾着網漁が終了したため、島の漁業の中心

は個人による釣り漁業、なかでもイカ釣り漁にシフトしていったが、この時期は日本経済の高度成長の時期にあたり、また麦類の輸入が急増したため、冬場には島外への出稼ぎが増加し、その裏腹の結果として、麦類栽培は放棄されるようになった。1960年代の麦類の栽培放棄については次節で述べるとおりであるが、こうして、これまでの半農半漁スタイルは「漁業＋出稼ぎ」スタイルに変化した。

その様子を示したのが**表8-5**である。

1960年の農業センサスの数値が不明だが、1970年に出稼ぎの男子数が農家数と同数になり、少なくとも「農家1戸から男1人が出稼ぎに出た」というように、出稼ぎ者数の多さの一端を確認することができる。また、時期は少し下るが、出稼ぎ者を含む臨時雇・日雇を主とする兼業漁業経営体数が1973、78、83年とも漁業経営体総数の8割を超えていたことが分かる。

こうして、1960年から80年代に掛けて出稼ぎが島を席巻したことを確認することができる。小川島はまさに「出稼ぎの島」だったわけである[15]。

6．農業および作物栽培の問題と対策

かつて盛んだった農業は今日では「作物栽培」ないし「作物生産」に縮小した。**表8-6**のように1960年代には30ha以上の畑が存在し、夏は芋類、冬は麦類を中心にした畑作農業が営まれ、また少なからずの豚や鶏も飼養され、玄海諸島で一番の農業が見られた。当時は「島の畑には草1本もなかった」というくらいに熱心に芋・麦の栽培が行われ、漁業とあわせて半農半漁の生業が営まれていた。

しかしその後、日本経済の高度成長に伴い、出稼ぎという形での冬季の労働力流出と輸入小麦および輸入澱粉の増加によって、麦類と澱粉原料用甘藷の作付けは激減し、畑のほとんどは放棄された。

その結果、作物販売も激減し、農業は「作物生産」＝自給的なものへと縮小し、ついに統計上は1995年センサスから「農家」や「農地」が消滅し、さ

表 8-5　小川島における農家の就業内容と漁業経営体の就業内容の推移

	農家数	兼業農家数		兼業従事者数(男)			兼業従事者数(女)			個人漁業経営体数				主とする兼業種類別漁業経営体数			
												兼業		漁業が主		漁業が従	
		出稼ぎ・日雇・臨時雇	恒常的勤務	主に出稼ぎ	主に日雇・臨時雇	主に恒常的勤務	主に出稼ぎ	主に日雇・臨時雇	主に恒常的勤務	総数	専業	漁業が主	漁業が従	漁業外雇常雇	漁業外雇われ臨時・日雇	漁業外雇常雇	漁業外雇われ臨時・日雇
1960	176																
1970	126	17	8	126	16	1	52	17	5								
1973										116	13	102	1	6	96		1
1975	68	45	2	78	3	1	47	6	5								
1978										131	7	99	25	7	94	7	21
1980	82	1	1	48	1	6	28	17	5								
1983										130	14	109	7	4	103	4	1
1985	49	7	0	57	0	1	26	2	3								
1988										114	13	84	17	7	54	5	9
1990	38	17	3	29	5	4	16	7	3								
1993										105	22	47	36	11	36	7	27
1998										81	18	52	11	23	25	3	8
2003										79	25	36	18	17	18	6	10
2008										70	36	25	9	11		5	
2013										57	35	14	8	2		4	

資料：農業センサス集落カードおよび漁業センサス。
注：空欄は不明ないし調査なし。

表 8-6 小川島の農業の推移

	農家戸数（戸）				経営耕地面積（a）			耕作放棄地面積（a）	保有山林面積（a）	作物収穫面積（a）						
	専業	1兼	2兼	計	田	畑	果樹園			米	麦類	雑穀	芋類	豆類	野菜	工芸作物
1960	3		173	176	70	3,210	0		2	50	2,690	120	2,800	90	100	30
1970	3	2	121	126	1	2,370	10				527		980	80	310	40
1971																
1972																
1973																
1974																
1975			68	68		484	19				50		180	6	199	
1976																
1977																
1978																
1979																
1980	1		81	82		1,123	21				4	4	322	70	291	
1981																
1982																
1983																
1984																
1985			49	49		1,251	2	46					84	2	86	
1986																
1987																
1988																
1989																
1990			38	38		497	2							0	40	
1991																
1992																
1993																
1994																
1995	…	…	…	…	…	…	…	…	…	…	…	…	…	…	…	…
1996																
1997																
1998																
1999																
2000																
2001																
2002																
2003																

資料：『1960年世界農林業センサス結果報告〔2〕農家調査集落編』佐賀県、1961年、農業センサス集落カード、『離島統計年報』日本離島センター。

注：農業センサス集落カードは1990年まで、農畜産物生産額は2003年までで、それ以降は該当値がないため2004年以降の表出を省略。

(単位：戸、a、頭、羽、百万円)

養豚農家戸数	家畜飼養頭羽数 (頭、羽)			農畜産物生産額（百万円）								
	豚	めん羊	鶏	米	麦	芋	豆・雑穀	野菜	果実	工芸作物	その他	計
59	60	14	378									
				0.4		0.5		0.0			0.5	1.4
						3.0		1.9		3.0	0.8	8.7
						1.8		1.7		30.0	0.6	34.1
						0.5		1.7		3.6	0.2	6.0
						0.6		1.4		4.1	0.3	6.4
						1.1		5.0			0.1	6.2
					0.2	1.0	0.1	4.8			0.1	6.2
					0.2	1.0	0.1	3.2		0.2	0.1	4.8
					0.2	1.8	0.1	5.4				7.5
					0.1	2.2	0.3	5.0	0.2		0.1	7.9
					0.1	3.2	0.3	4.4	0.4			8.4
						2.2	0.3	5.1	0.3			7.9
						3.1	0.3	5.6	0.4			9.4
						2.4	0.2	4.8	0.3			7.7
						1.7		12.9	0.1			14.7
						4.0		0.6	0.1			4.7
						0.8		0.6				1.4
						0.8		0.6				1.4
						0.8		0.6				1.4
						0.8		0.6				1.4
						1.0		1.0				2.0
						1.0		1.0				2.0
						1.0		1.0				2.0
						1.0		1.0				2.0
...	...					1.0		1.0				2.0
						1.0		1.0				2.0
						1.0	1.0	1.0				3.0
						1.0	1.0	1.0				3.0
						1.0	1.0	1.0				3.0
						1.0	1.0	1.0				3.0
						1.0						1.0
						1.0						1.0
								1.0				1.0

らに2004年以降は『離島統計年報』から「作物生産額」もなくなった。しかし、今日でも自給的な「作物生産」は継続され、それは自給的な意味合いだけでなく、無農薬による安全な作物の生産、あるいは高齢者等の体力・健康維持・趣味・生き甲斐といった意味合いで価値あるものとして存在していることは他の島と共通している。

　このような野菜等の作付畑は現在では主に集落周辺、特に住居周辺に存在する。その要因の一つは、住居から離れた畑は数年前からイノシシの害が急増したために放棄せざるを得なくなったからである。そこで今後は、高齢化とイノシシ害のため主に集落周辺に収斂したなけなしの畑をいかにして維持していくかが重要となる。

　畑作維持のための重要な条件はイノシシ被害対策である。たとえば、ワイヤーメッシュで集落周辺の畑を広く包囲する（防護）か、島外の猟師の支援によるイノシシ駆除か、あるいはこれら２方法をとるかであろう。そのためには、うまくいっていると言われる神集島等、玄海諸島を含め他の島嶼でのイノシシ被害対策の優良事例の見聞やそのような島との間での情報交換が求められる。

7．少子化対策

　図8-10から団塊世代の小学校入学による1955年以降の小学生の増加と、同世代の中学校進学による1961年以降の中学生の増加、および団塊ジュニアの小学校入学による1979年以降の小学生の微増と、同世代の中学校進学による1985年以降の中学生の微増といった自然的人口増減傾向がまず確認できる。

　しかしその後は、離島による島民人口の減少、なかでも若年世代の離島に伴う社会的な人口減少の傾向が加速し、年々、小中学生数の減少が目立った。たとえば、2012年３月には中学３年生が４名卒業したが、４月に迎える小学新１年生は２名のため、２名減少した。しかも、新１年生２名は、それぞれ本校教員と駐在所の警察官家庭の子弟であった。つまり、ともに転勤者の子

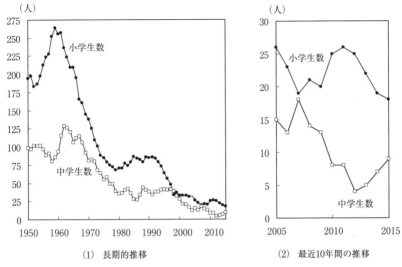

(1) 長期的推移　　　(2) 最近10年間の推移

図8-10　小川小中学校の児童・生徒数の推移

資料：小川小中学校資料。

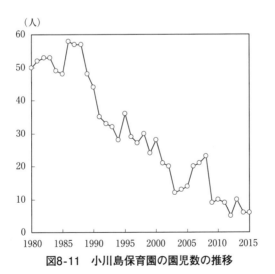

図8-11　小川島保育園の園児数の推移

資料：小川島保育園資料。

弟であるため、近い将来転勤に伴って離島することにより、転入児童がいなければ、この学年の児童はいなくなる。以上のような実態は、馬渡島・加唐島・松島でも基本的に同様である。

　以上のような小中学生の動向を先取りしているのが図8-11に示す保育園児数の動きである。1980年代には50名を超していた園児数が1990年代以降激減し、今日では1ケタになっている。そして、2011年度末の年長組（卒園予定者）2名が上述の2名に他ならない。

8．観光戦略

　観光客数は2011年に7,500人で、高島の69,500人と神集島の25,400人に次いで3番目であるが、4番目の加唐島の4,500人の1.5倍ほどである。ただし、2000年以降、観光客数は激減しており、新たな対策が求められている。

　他方、宿泊者数は2011年に3,500人を数え、玄海諸島7島中最大であり、

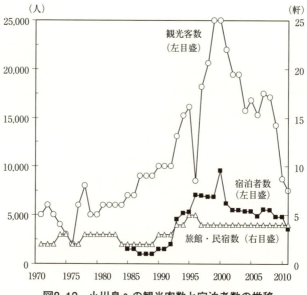

図8-12　小川島への観光客数と宿泊者数の推移

2番目に多い加唐島の2,100人の1.5倍ほどとなっている。この宿泊者を受け入れているのは島内の3つの民宿と1つの公共の体験交流宿泊施設である。それに比べ、加唐島では民宿は現在では1軒のみである（図9-11）。なお、これらの民宿は、加唐島や向島（2軒）や馬渡島（2軒）や松島（1軒）でも、すべて世帯主が海士をしている漁家が経営している。したがって今後は、海士を含めた島の漁業との関係で宿泊客の維持・増加を考えていく視点も取り入れつつ、島全体で横のつながりにおいて考えていく必要がある。

9．付記

　佐賀大学海浜台地生物環境研究センター（当時）主催で2012年3月11日に開催した「玄海諸島活性化フォーラムin小川島」において、区長からは直売所・後継者・花嫁対策の実態、老人会からは加入率は高くないが、社会福祉協議会活動への参加や温泉旅行などの独自活動を行い、メリットを享受し、未加入者への参加を呼び掛けていること、また小中学校教諭からは島の小中学生は素直で礼儀正しく、逆に少人数教育のメリットが活かされていること、さらに漁業者からは漁業環境と水揚量・額の激減による後継者難の実態、婦人会からは島内生活継続のために島外就業を余儀なくされている実態等の報告を受けた。

　対してコメンテーター等からは、まだまだ元気な高齢者の知恵を集積して小中学校に捕鯨・巾着網漁等の歴史展示物を置くことや、市の観光協会や観光業者と連携した新たなツーリズムの可能性の模索といった検討課題などが提言された。本文の問題整理や提案はこのフォーラムでの上記の発言も基にしている。

【注】
（1）呼子町史編さん委員会『呼子町史ふるさと呼子』唐津市、2005年、87頁。
（2）同上。
（3）深野敏一編『小川島〔上〕』福岡県立戸畑中央高等学校、1973年、48頁。

（4）呼子町史編纂委員会編『呼子町史』呼子町役場、1978年、688頁。
（5）上掲深野編、46頁。
（6）上掲『呼子町史』、485頁。
（7）上掲深野編、46頁。
（8）日本離島センター『離島統計年報』日本離島センターより。
（9）関西学院大学文化総部地理研究会編『小川島』関西学院大学文化総部地理研究会、1991年、6頁。
（10）呼子町史編さん委員会『呼子町史ふるさと呼子』唐津市、2005年、唐津商工会議所『唐津探訪』唐津商工会議所、2011年など。
（11）巾着網漁経験者の前田久生さん、井口誠さん、渡辺敏行さん、石井満さんからの聞き取りを基にまとめた。
（12）関西学院大学文化総部地理研究会編『小川島』関西学院大学文化総部地理研究会、1991年、37頁。
（13）『佐賀農林水産統計年報』と小川島漁協資料から著者が算出した2001～2003年の数値。
（14）唐津市ホームページ：「離島漁業再生支援交付金による取組概要」より。
（15）上掲『呼子町史』588頁には年次は不明であるが「戸数二百四十、人口千四十一人というのに、出かせぎ人口は二百人を軽く越える。……（中略）……夫婦そろって出かける」と記されている。

第9章

加唐島

本土から見た加唐島

隣りの島の松島からも通園する加唐島保育所（2009年）

要約

　加唐島でも、かつては農業（畑作）が盛んであったが、麦・豆輸入の増加や芋自給の低下および高齢化等により、1980年代以降、農業は後退し、産業の中心は漁業にシフトした。それに伴って、半農半漁村としての性格は弱まり、漁村に純化した。そして、1990年代にはイカ釣りを中心に漁業の最盛期を迎えたが、2000年代に入るとイカの不漁が続き、近年では燃料代の高騰がそれに追い打ちを掛け、漁業経営は極めて厳しい局面を呈している。その結果、2000年代に漁業経営体数が激減し、漁業世帯（漁家）の兼業化が深化し、漁業後継者も減少し、漁村でありながら自営漁業以外に就業する人が増え、それまでは加唐島の「主要な産業」は漁業とされていたが、2003年漁業センサスではそれが遂に第3次産業であるとされるに至った。

　他方、加唐島は島全体に椿が自生し、また農業は消滅し畑のほとんどは耕作放棄地化したが、主に高齢者によって自給的な作物生産は維持されてきている。また、島には膨大な純粋無垢の自然が残っている。

　こうして、加唐島は、たしかに漁業不振や少子高齢化といった日本社会の縮図的な問題に直面しているが、豊富な自然環境や椿の島としての特有の資源と元気な高齢者の存在を突破口として、新たな島興しの可能性を秘めている。

1．はじめに―課題―

　玄海諸島の7つの島は日本の島々の中では小規模島嶼（小島嶼・小島）に属するが、島民規模は100人未満から100人、200人、300人台の島までかなりの開きがあり、また就業構造も決して一様ではなく、ひとくくりにして理解できないため、本章は、その中の加唐島の実態を明らかにすることを通じて、小規模島嶼郡の玄海諸島の問題点にアプローチすることを課題とする。

2．加唐島の今

(1) 位置と人口・世帯数

　加唐島から最も近い本土の唐津市呼子町加部島北端（ツイタ岬）までは3km弱あり、島から目前に展望できるが、本土の定期船発着港である呼子港から島の港（加唐漁港）までは海上6km余りあり、片道15分掛かる。

　加唐島は面積2.84㎢、周囲14.6kmの玄界灘に浮かぶ小島である。南北に7kmと玄海諸島7島の中で最も長い島である。そして、そのような特徴的な地形であるため、島の南北両端に1つずつ港が設置され、また港近辺にそれぞれ集落が形成されている。すなわち、島の玄関口に相当する南側の港（加唐島漁港）周辺には本島最大の集落である「加唐島」集落が、そして島の北側の漁港（大泊漁港）周辺には「大泊」集落が存在する。

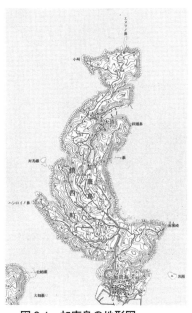

図9-1　加唐島の地形図

資料：国土地理院2万5千分の1「加唐島」（昭和60年修正測量）の一部を50％大で転写。

　本島は東松浦半島の大半を占める玄武岩台地の延長上に首をもたげて形成され、周辺は海食崖となり、中央は玄武岩質の台地状を呈しており、最高標高は123mしかない[1]。こうして、半島から離れた島とは言え、位置的・地形的にも佐賀県東松浦半島の玄武岩台地の一角を占めており、東松浦半島と一体的な存在として理解し、研究していくことが重要である。

　本島の人口も、他の島同様に急減し、1960年の566人から2008年には200人

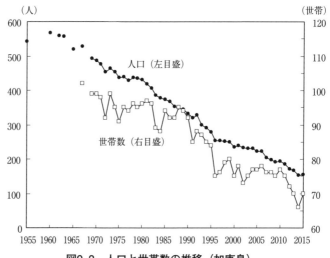

図9-2 人口と世帯数の推移（加唐島）

資料：『全国離島人口総覧〔改訂版〕』全国離島振興協議会、1983年、『離島統計年報』日本離島センター、唐津市ホームページ。

台を切り、2015年には151人となり、ピークかそれに近いと推測される1960年の566人に比べると、55年間で3分の1となった。

世帯数も1970年代の100戸水準から2015年には70戸に減少した[2]。

（2）世帯類型と世帯員数

そこで、この島の社会経済的な特徴を把握するために、2009年に世帯悉皆調査を実施した（区長から了解を得た77世帯）。そして、その結果から、世帯主の職業や年齢を基準に**表9-1**のような世帯類型を抽出した。

教員世帯とは、教員住宅に居住している島外出身者の世帯であり、その中には教員をしていても島外の学校に通う者は含めていない（島外に通う教員は「漁業世帯」の「妻勤務」の中に1人おられる）。

独居老人とは、世帯内に仕事をしている人がいないケースである（漁業を営む独居老人が1人いたが、この世帯は「漁業世帯」の「専業」に入れた）。

無職は、生産年齢人口に属する世帯主が無職である世帯であり、高齢姉妹

表 9-1　加唐島における世帯類型と世帯員数（2009 年 11 月現在）

世帯類型	世帯数	世帯員数	備考
漁業（世帯主が漁業ないし主として漁業）	26	82	うち高齢夫婦（世帯主が69歳以上）世帯が7、独居老人（74歳以上）世帯が1つ
専業	14		
妻が勤務	6		
あとつぎが勤務	3		
世帯主が兼業	1		
夫婦とも他産業が主（第2種兼業）	1		
自営（民宿）	1		
教員	16	25	
単身者	12	12	
夫婦とも教員	4	13	
独居老人（74歳以上）（うち女性）	12 (10)	12 (10)	うち元漁業世帯が2つ
高齢夫婦（世帯主が69歳以上）	9	18	うち元漁業世帯が7つ
サラリーマン	10	37	
無職	2	4	
高齢姉妹（87・77歳）	1	2	
医師	1	3	
合計	77	183	

資料：島民世帯悉皆調査（2009年10、11月）。

は別途このように分類した。

表9-1から、まず漁業世帯数の激減が注目される。1993年以降2003年までの3回の漁業センサスまでの5年間の漁業世帯数の減少数がそれぞれ4世帯と2世帯であったのに対し、2003年から2009年までの6年間には10世帯が減少したからである。このことは近年に至るほど漁業経営の厳しさが増したことを意味する。

他方、漁業世帯数26に対し、サラリーマン世帯と教員世帯を合わせると26世帯に達し、全体として非漁業世帯数が漁業世帯数を上回っており、想像するほど漁業世帯数割合は高くないことが分かる。このことに関して、2003年漁業センサスにおいて既に加唐島の「主たる産業」は「第3次産業」と性格付けられたことがうなずける（第5章2.（1）を参照）。

また、独居老人世帯と高齢夫婦世帯を合わせると21世帯だが、漁業世帯の中にも独居世帯と高齢者夫婦世帯が8世帯あり、また高齢姉妹世帯も含めると、結局、高齢者だけの世帯が30戸にのぼり、島の世帯の39％に達する。

そして、独居老人の中で男性2人は元漁師、高齢夫婦9世帯のうち世帯主7人も元漁師であり、現役の漁業世帯26のうち既に7世帯が高齢夫婦で1世

帯が独居老人という実態から、生産年齢人口を有する漁業世帯→高齢者のみの漁業世帯→漁業を引退した高齢者のみの世帯、という世帯類型の移行プロセスが見えてくる。そして、その先は、あとつぎ等が戻らない場合は「誰もいなくなる」＝空き家となる可能性が高い。

(3) 問題の所在

　以上の問題点指摘を踏まえて、改めて加唐島における社会経済的な問題として、以下のような諸点が想起される。そこで、以下において、これらの諸点に関して実態と問題点を探っていきたい。
・交通等のインフラ整備問題
・漁業問題
・農業問題
・椿の実の販売・加工製造問題
・高齢者問題
・就業先確保問題
・小中学校・保育園の存続問題
・観光対策

3．交通・インフラ・診療所

(1) 交通・インフラ

　現在、島と本土との行き来は、島の南側の玄関口とも言える加唐島集落の加唐島港と呼子港（唐津市呼子町）との間に一日4往復の定期船が運航している。定期船の就航開始時期は目下不明だが、1965年に県費を得て2往復としたという記録[3]から、それまでは1往復だったようである。

　加唐島港の防波堤は1925年に国庫補助金を受けて修築され、また55年には離島振興法の指定を受け、65年には漁港（加唐島港）の修築を行った。他方、34年に大泊港埋築工事がなされた。

電気は1948年に自家発電装置が設置されて発電が開始されたが、本格的な利用は九州電力による海底ケーブル設置を待っての68年からであった。

上水道は既に1940年に簡易水道が完成したと記録にあるが、本格的な利用は55年以降であった。なお、水源地は加唐島集落用と大泊集落用とそれぞれ1つずつある。

他方、トイレの水洗化も済んでいる。

また、道路も整備され、本土のそれと遜色がなく、南北2つの集落をつなぐ道路には通勤・通学時を中心に車の運行が見られるし、バイクや耕耘機やシニアカーも走っている。なお、なぜか自転車は見ていない。

(2) 診療所

1957年に診療所を設置し、医師を迎えたと記録にあるが、現在は僻地医療制度のもとで、自治医科大学卒の研修医を1人、2階建ての診療所（唐津市加唐島診療所）に迎え入れ、本診療所では木曜日の午前中を除き平日6時間30分の診療が行われている。ただし、木曜日午前中は同医師と看護婦は隣の松島の老人憩いの家に出向いての出張診療を行うため、この日時は本診療所は休診となる。なお、建物の2階は医師の住居用である。そして2009年11月時点で、医師は家族で入居し、子供もいると聞く。また、その後に島に赴任した医師も家族同伴で入居し、後述のように2015年秋にはその子供が加唐島保育所に入園し、園児数が1名増えるという。

4．漁業問題

加唐島には2つの漁業集落があり、それぞれ漁港を持っている。玄関口である島の南側の「加唐島」集落には20世帯ほどの漁業世帯が存在するが、島の北側の「大泊」（おおどまり）集落には7戸の漁業世帯が存在する。なお、両集落の漁業の性格はそれほど異なってはいない。

水揚額でみた漁業種類の推移（**図9-3**）と集落別の推移（**図9-4**）を見比べ

表9-2 加唐島におけるインフラ整備の進展状況

年次	定期船の就航の推移					補助航路	水道利用人口（人）		し尿処理方法	
	1日当たり就航回数（往復）	事業者名	船舶名とトン数	就航率			簡易水道	井戸	水洗化人口	非水洗化人口（自家処理）
1968	2						478	49		
1969							流湧水			
1970							439	48		
1971							477			
1972							454			
1973	2		かから丸 17.78				464			
1974	3		かから丸 34.63				453			
1975	3		かから丸 35				437			
1976	3		かから丸 34.6				439			
1977	3		かから丸 35				428			
1978	3		かから丸 35				438			438
1979	3	加唐島汽船	かから丸 35				435			435
1980	3	加唐島汽船	かから丸 34				430			430
1981	3	加唐島汽船	かから丸 35			○	423			423
1982	3	加唐島汽船	かから丸 35			○	407			407
1983	3	加唐島汽船	かから丸 35			○	386			386
1984	3	加唐島汽船	かから丸 35			○	377			377
1985	3	加唐島汽船	かから丸 35			○	374			374
1986	3	加唐島汽船	かから丸 35			○	368			368
1987	3	加唐島汽船	かから丸 45			○	353			353
1988	3	加唐島汽船	かから丸 45			○	348			348
1989	4	加唐島汽船	かから丸 45			○	344		27	317
1990	4	加唐島汽船	かから丸 45			○	331		25	306
1991	4	加唐島汽船	かから丸 45			○	319		22	297
1992	4	加唐島汽船	かから丸 45			○	327		22	305
1993	4	加唐島汽船	かから丸 45			○	299		22	277
1994	4	加唐島汽船	かから丸 45			○	291		22	269
1995	4	加唐島汽船	かから丸 45			○	278		22	256
1996	4	加唐島汽船	かから丸 45			○	253		22	231
1997	4	加唐島汽船	かから丸 45			○	253		253	
1998	4	加唐島汽船	かから丸 45			○	252		252	
1999	4	加唐島汽船	かから丸 45			○	250		250	
2000	4	加唐島汽船	かから丸 45			○	235		235	
2001	4	加唐島汽船	かから丸 45	98.8		○	240		240	
2002	4	加唐島汽船	かから丸 45	98.7		○	232		232	
2003	4	加唐島汽船	かから丸 45	98.7		○	231		231	
2004	4	加唐島汽船	かから丸 45	98.4		○	231		231	
2005	4	加唐島汽船	かから丸 45	98.4		○	222		222	
2006	4	加唐島汽船	かから丸 45	99.1		○	222		222	
2007	4	加唐島汽船	かから丸 45	99.2		○	204		204	
2008	4	加唐島汽船	かから丸 45	100.0		○	198		198	
2009	4	加唐島汽船	かから丸 45	100.0		○	191		191	
2010	4	加唐島汽船	かから丸 45	100.0		○	194		194	
2011	4	加唐島汽船	かから丸 45	100.0		○	186		186	
2012	4	加唐島汽船	かから丸 45	98.4		○	179		179	
2013	4	加唐島汽船	かから丸 45							
2014	4	加唐島汽船	かから丸 45							
2015	4	加唐島汽船	かから丸 45							

資料：『離島統計年報』日本離島センター、および定期船船長からの聞き取り調査。
注：1日当たり就航回数は平日のものである。

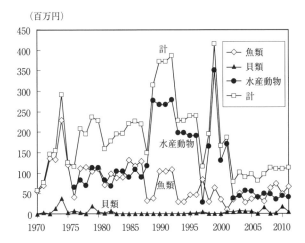

図9-3　漁業種類別の水産物水揚量と水揚額の推移（加唐島全体）

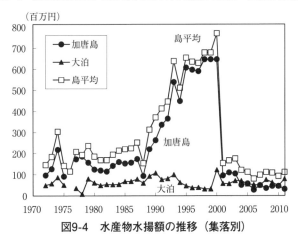

図9-4　水産物水揚額の推移（集落別）

て、魚種と集落の関係がおおよそ以下のように推移してきたと推測される。

　1975年頃までは主な漁業種類は魚類であり、集落としては「加唐島」集落が主体であったようである。その後1975年頃から水産動物がとれ始め、1975〜1985年の10年間ほどは「魚類と水産動物の2大漁業種類」がともにほぼ同じほどの水揚額で推移した。集落別にみると、この時期は、初めは「加唐島」集落が優勢であったが、この時期の後半には「加唐島」集落の水揚額が減っ

142 第Ⅲ部 玄海諸島の諸相

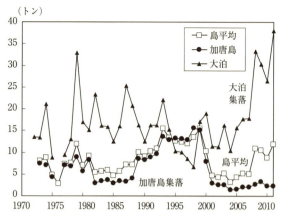

図9-5 1漁業経営体当たりの水産物水揚量の推移（加唐島・集落別）

注：集落別の数値は実態調査結果を基に算出。図9-6も同様。

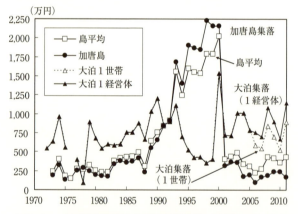

図9-6 1漁業経営体および1漁業世帯（大泊のみ）当たりの水産物水揚額の推移（加唐島・集落別）

たため、両集落の差はなくなった。しかし、1990年頃から水産動物の水揚額も増加したが、これを主に担ったのは「加唐島」集落であった。そして、このような「加唐島」集落での水揚額の上昇は2000年頃まで10年余り続いた。この1990年代のほぼ10年間の漁業の興隆は、島全体としてだけでなく1漁業経営体においても確認され、その意味で「加唐島集落の漁業の黄金時代」であったと言える。

表9-3 営んだ漁業種類別経営体数の推移（加唐島）

（単位：経営体）

年次	経営体数		網			釣り		はえなわ	採貝	採藻	海面養殖		その他の漁業
	延数	実数	敷き	刺し	小型定置	いか	その他				かき類以外の貝類	その他	
1998	98	38	1	2	1	31	30	2	15	13		3	
2003	123	36		6	1	26	28		5	27	4		26
2008	56	26		4	1	22	19		2		4		4
2013	47	21		3	1	15	19		3		4		2

資料：漁業センサス集落カード。

しかし、2000年以降、大きな変化が訪れた。それは水揚量の激減であり、それに伴う水揚額の急減である。そのことは島全体においても1漁業経営体においても同様であった。なかでも、激減した漁業種類は水産動物であり、具体的にはイカの水揚量の激減であった。なお、集落別には、このような漁業の打撃を大きく受けたのは「加唐島」集落であり、他方の大泊集落への影響は少なかったように見受けられる。

表9-3に漁業種類別の経営体数の推移を示した。加唐島では量的にはイカ等の釣り漁経営体数が一番多いが、「大泊」集落の漁業の伸びを担ったのは1経営体のみではあるが実は小型定置網であったことを付言しておきたい。

2000年以降の島の全体的な漁業不振は、**表9-4**に見るように、1経営体平均漁獲金額が1998年の876万円から2003年に298万円に激減し、また経営体数が最大多数の販売金額別階層が2008年の300～500万円層から2013年には100～300万円層に低下したことにも現れている。

このような近年の漁業の後退は、即、後継者の少なさとなって現れている。2009年に26戸あった漁業世帯の中で、後継者が父親の漁業を継承していたのは5名のみであった。

Aさん（49歳・2015年現在、以下同様）は唐津の高校を卒業して唐津市内の会社に24年間勤務していたが、父親の体調悪化を契機に、長男で跡取りであることから、2007年に島に戻り、目下、磯建網・蛸壺・釣りをしているが、「まだ見習い段階だ」（2009年の父親の言）という。

Bさん（43歳）は、学校を卒業した後、自家漁業以外に季節出稼ぎなども

表9-4 販売金額別漁業経営体数の推移（加唐島）

(単位：経営体、万円)

		経営体総数	100万円未満	100～300	300～500	500～1,000	1,000～2,000	2,000～5,000	5,000万円～1億円	1～10億円	1経営体平均漁獲金額
玄海海区	1973	2,202	1,139	997		22	37			7	
	1988	1,564	300	796		272	102	58	23	13	
	1993	1,372	231	641		262	130	77	22	9	
	1998	1,174	174	585		243	78	74	11	9	
	2003	1,048	195	568		174	57	37	10	7	
	2008	905	196	222	208	191	41	26	17	3	
	2013	793	197	246	169	118	23	31	6	1	
加唐島	1998	38	5	24		6	3				876
	2003	36	10	23		2	1				298
	2008	26	7	4	8	5	1	1	1		
	2013	33	6	15	7	3	1	1			

資料：漁業センサス集落カード。
注：加唐島の1973～1993年のデータはないため非掲載。

していたが、長男であととりであったことから、現在は、父親（76歳）と一緒に磯建網・釣り・一口アワビ養殖など自家漁業に専念している。また、二男（41歳）も学校卒業後5年ほど定期船（かから丸）に乗っていたが、今はBさんと一緒に自家漁業の手伝いをしている。

Cさん（40歳）は、父母が漁業と民宿を経営していたため、高校を卒業するや島の実家に戻り、もっぱら自家漁業のほうを継承し、イカ・サワラの一本釣りをやる傍ら、遊漁船経営も行っている。そして、その後、島に赴任した教員と結婚し、また民宿経営を継承し、2015年11月からはその子が島の保育所に入所の予定であると聞く。

Dさん（40歳）は高校卒業後、父親（64歳）と一緒に地先で定置網をしている。

また、Eさん（39歳）はDさんの弟で、大学卒業後島に戻り、父・兄と一緒に定置網をしている。なお、DさんとEさんは結婚を契機に2006年に集落内に2世帯住宅を新築して父母の家（実家）から転出した。なお、後述の本島の小中学生4名の中の2名はDさんとEさんの子供たちである。

5．農業問題

　島の産業の歴史を振り返ると、1960年には畑が31.8haあり、農家の色彩の強い第1種兼業農家が24戸も存在し、1985年以降は全て第2種兼業農家になったが、1995年までは20戸を上回る農家がカウントされていた。また、1995年には専業農家すら4戸も出現しており、作物販売額もこの頃までは200万円程度あり、「農業」的色彩がまだ残っていた。こうして、1990年代半ばまでは、加唐島は半農半漁の村だったと言える。

　しかしその後、島の主要な産業は漁業へ収斂し、また芋等の畑作物の販路の縮小に伴って、農業・作物生産は急減した。さらに、1995年以降、加唐島にもイノシシが上陸・繁殖し、農作物を食い荒らし始め、また猪突猛進の如く意外と危険であると言われ、高齢化がそれに拍車を掛け、特に両集落から少し離れた台地上の畑での作物栽培を放棄せざるを得ない高齢者が増えてきたため、この10年で作物栽培はますます縮小してきた。

　こうして、2006年以降は統計上、作物生産額はなくなり、農業センサス上も「農家」は消滅したように、現在ではたしかに加唐島に「農業」と言える実態は存在しないが、作物栽培は維持されており、また現在でも統計上は挙がってこなくても実際はツワブキや切り干し大根の販売などが行われており、概して自給的ではあっても、まだ作物生産の意義は失われていないことに注意すべきである。また、畑仕事は、食料確保以外に、高齢者の健康・体力維持という機能も果たしており、このような非経済的意味合いも重要である。さらに、今後は、後述の「島おこし・島嶼振興」という観点から、高齢者でも栽培・収穫できる特産物の開発という新たな可能性を探ることが求められている。そのような資源および人材としても、畑や高齢者を位置付ける必要がある。

表 9-5 加唐島の農業の推移

	農家戸数（戸）				経営耕地面積（ha）		耕作放棄地面積（ha）	保有山林面積（ha）	作物収穫面積（ha）					
	専業	1兼	2兼	自給的	計	畑	果樹園			麦類	雑穀	芋類	豆類	野菜	工芸作物
1960		24	54		78	31.8			74.0	29.3	10.1	18.9	1.9	1.9	9.4
1970			78		78	27.6	1.2	...	...	11.5	2.3	11.5	1.9	9.0	0.3
1971															
1972															
1973															
1974															
1975			74		74	15.8	1.2	5.89	74.0	2.1		6.2	0.8	4.1	1.2
1976															
1977															
1978															
1979															
1980		5	59		64	11.0	0.4	0.48	87.0	1.7	1.5	4.8	0.2	3.4	
1981															
1982															
1983															
1984															
1985			68		68	11.4	0.2	0.38	48.0	0.1		4.5	0.0	4.0	
1986															
1987															
1988															
1989															
1990	1	1	35	35	37	6.2		8.49				0.2			
1991															
1992															
1993															
1994															
1995	4	1	16	20	21	2.4		7.49							
1996															
1997															
1998															
1999															
2000				1	1	0.1		0.20							
2001															
2002															
2003															
2004															
2005	...	...	...	...	...	...	...	...	...	...	...	...	...	...	...
2006															
2007															
2008															
2009															

資料：『1960年世界農林業センサス結果報告〔2〕農家調査集落編』佐賀県、1961年、農業センサス集落カード、『離島統計年報』日本離島センター。

注：農業センサス集落カードは2000年まで、農畜産物生産額は2009年までで、それ以降は該当値がないため表出を省略。

第9章　加唐島

（単位：戸、ha、頭、羽、百万円）

役肉用牛飼養戸数	家畜飼養頭羽数（頭、羽）				農畜産物生産額（百万円）								
	役肉用牛	豚	めん羊	鶏	麦	芋	豆・雑穀	野菜	果実	工芸作物	牛	その他	計
3	3	3	6	515									
2	3			na		1.8		3.6		0.4	0.5	2.3	8.6
						3.0		3.4	0.2	3.2		1.7	11.5
						1.5		3.1	0.3	4.0		1.5	10.4
						1.4		3.2	0.3	3.6		0.5	9.0
						0.7		3.5	0.3	4.0		0.4	8.9
						0.5		3.0		8.5			12.5
					1.5	2.5	0.5	15.0	1.3	5.0		0.5	26.3
					1.4	4.5	0.2	4.0	0.9	3.0		0.5	14.5
					1.0	13.0	0.2	7.3	0.8	3.0		0.5	25.8
					1.1	7.6	0.1	5.6	0.6				15.0
					1.1	7.6	0.1	5.6	0.6				15.0
					1.0	8.6		6.9					16.5
					1.0	8.3		5.0					14.3
					1.0	8.2		5.0					14.2
					1.0	8.9		5.3					15.2
						8.0		8.0		0.4			16.4
						8.0		8.0					16.0
						8.2		8.0					16.2
						8.2		8.0					16.2
						9.0		7.2					16.2
						2.4		4.2					6.6
						2.4		4.2					6.6
						1.0		1.0					2.0
						1.0		1.0					2.0
						1.0		1.0					2.0
								0.1					0.1
								0.1					0.1
								0.1					0.1
								0.1					0.1
								0.1					0.1
								0.2					0.2
								0.2					-
												0.3	0.3
												0.3	0.3
...	...	...	...	...								0.3	0.3
												0.3	0.3
												0.3	0.3
								0.1				0.3	0.4
								0.1				0.3	0.4

6．椿の実の販売と椿油の製造（加工）・販売—椿の島＝加唐島—

　島には古くから椿が自生し、島全体が椿で覆われていると言っても過言ではないくらい、至る所に椿が生えている。椿は自生的なものから、耕作放棄畑に植えた植栽的なものまで多様である。ほとんどは私有地に植えられているが、島の北側の5haほどは自治会（区）有林となっており、そこの椿の実は「年間500円を払えば」島民なら誰でも自由に採取できることになっている。

　この自治会（区）有林は、もともとは加唐島森林組合のもので、本森林組合が管理してきたが、本森林組合が解散してからは、自治会（区）有林となり、それ以来、自治会（区）が所有し管理しているという[4]。

　そして、島民は自分の椿園や畑の周辺の椿、あるいは上記の自治会（区）有の椿園の椿から採取した実（種）を共同販売している。販売先は呼子町の業者であり、この業者は加唐島を中心に集荷した椿の実から採油した油を「玄界特産純椿油」という商標で100ml入り瓶1,000円の値段で呼子町の自店やイオン唐津店の地元産品コーナーなどで販売している。

　この業者への販売量は、表年と裏年で波があるが、平均して毎年ほぼ50戸で140俵（4,200kg）ほどであり、販売額は160万円ほどだという。1戸当たり2～3万円程度である。

　また他方、2005年度からの唐津市の「島づくり事業」の補助を受けて搾油機を導入し、島民グループ（島づくり委員会メンバー）の手によって「純度100％つばき油（加唐島特産）」という手作りの独自商品を製造・販売し始めた。値段は100ml入り瓶1,500円で、市内の観光資料館などに置いている程度で、本格的な販売は行っていない。年間売上量は500本ほどということだから販売金額は75万円ほどに止まるようだ。

　ただ、この椿油の品質は高く評価されているため、頭髪油用、揚げ物（調理）用、化粧品用といった多用途利用を考慮し、新商品（300mlペットボトル）

の開発や、置いてもらう店の拡大など、前向きに検討している。

　こうして、産業面で椿の利用が軌道に乗ってくれば、椿の植栽面積をさらに拡大する必要も出てこよう。そのときは、島の膨大な耕作放置畑を再利用すればよい。そうすれば、「椿の島」としての加唐島に磨きがかかる。

　さらに、観光面での椿の利用はもっと可能性が高いと思われるが、この点についての具体的な内容は、最後の「提言」のところで述べたい。

7．高齢者問題

(1) 年齢別人口構成

　表9-6から確実な高齢化の進展を確認することができる。また、**図9-7**からは、とくに2010年において男女とも20～30歳代の若年層が流出していることが良く分かる。その結果、高齢化が加速されている。そこで、以下で、高齢者の動向を詳しく見ていきたい。

表9-6　加唐島における年齢階層別・性別人口割合の推移

種類	性別	2005年	2010年
年少人口	男	21.4	18.1
	女	14.5	13.9
	計	17.8	15.8
生産年齢人口	男	44.9	49.4
	女	47.3	42.6
	計	42.2	45.7
老年人口	男	33.7	32.5
	女	38.2	43.6
	計	36.1	38.6

資料：国勢調査。

(2) 高齢者の実態

　高齢者問題抜きに地域問題は語れなくなった。島においてはなおさらである。この問題は、内容的には健康＝医療問題であり、また福祉問題であり、さらに生き甲斐問題でもある。したがって、健康＝医療問題としては上記の診療所問題と関わり、福祉問題としては後述の「高齢者センター」での活動と関わる。

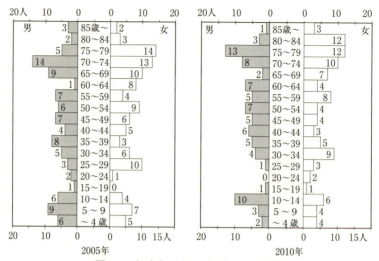

図9-7 加唐島の人口ピラミッドの推移

資料：国勢調査。

　なお、本書では、上述のように、本島では現在でも畑で少なからずの野菜栽培がなされており、その主要な担い手が高齢者、なかでも高齢女性であることを述べた。本島を訪れての著者の第一印象は、「高齢者が畑で元気に野菜作りに励んでいる」ということであった。そしてまた、畑仕事＝土いじりが高齢者の日常的な健康維持の重要な一要因ではないかと感じた。

　確たる科学的因果関係を今証明できるわけではないが、直感的にそのように思った。おそらく、健全な自然条件の中でのヒト本来の生き方が可能だからなのではないかと推測する。もし、このことが証明できたら、その意義は大きい。

　それはそれ自体で重要な事柄であるが、同時に、「島おこし・島嶼振興」という面でも大いに可能性を秘めている。また、このことは、ますます深まる超高齢化現象に対して、マイナスではなく、プラス思考で対応できるという面でも重要と考える。

　いずれにしても、「老人が多いが、老人が元気な島」として加唐島を位置付けてみたいと思う。

このように、加唐島の高齢者は基本的に健康で元気であるため、高齢者を対象に設置された福祉施設である「高齢者センター」も、毎週1回の風呂等を利用する「生き甲斐ディサービス」と、毎月1回の老人会の定例会などに利用されている。なお、毎週金曜日に行われている「生き甲斐ディサービス」の指導には、隣の松島在住の社会福祉協議会所属のホームヘルパーがやってくる。

8．就業先確保問題

島の多くの方が「島内や島外の近くに仕事があればもう少し若者が島に残れるのに」と語る。

ところで、小中学校の教諭と診療所の医師と高齢者センターでのディサービス担当者として金曜日のみ松島から来島するホームヘルパーそして自営漁業を除いた本島の2009年11月現在における通常の就業場所と就業者数は表9-8の通りである。

見られるように、2009年時点で26世帯の34人が自営漁業以外の仕事をしている。世帯類型では、サラリーマン世帯10戸と漁業世帯12戸において自営漁業以外の就業者が存在するが、まずはサラリーマン世帯という非漁業世帯であるプロパーの労働者（勤労者）世帯が一定形成されている点に注目したい。これは、77世帯・200人足らずの小島であり、警察署・郵便局はなく、小中学校・商店・保育所・診療所と1つの工場だけではあるが、それらへの就業

表9-7　島内の就業先と就業者数および通勤元（2009年11月現在）

職場名	職員数 計	正規職員数 うち島内者	島外からの通勤者	臨時職員数 計	うち島内者
定期船	6	5	1		
製塩工場	3	1	2	3	3
小中学校（用務員）	2	2			
診療所	2	2			
保育所	1	1		1	1
漁業協同組合支所	1	1		1	1

資料：島民世帯悉皆調査および各施設での聞き取り。

表 9-8 勤務者の世帯類型と職場の実態（2009 年 11 月現在）

世帯類型	世帯番号	続柄別職場（年齢）				
		世帯主	その妻	あとつぎ	その妻	それ以外
サラリーマン	1	漁協職員 (44)				
	2			会社員 (37)		
	3	電力会社 (53)	診療所 (47)			
	4		製塩工場パート (68)	定期船乗務員 (33)		
	5		小中学校職員 (54)	定期船乗務員 (27)		
	6	郵便業務（受託）(57)				
	7		活魚店 (57)			
	8	定期船事務員 (41)	保育所 (43)			
	9	島外職場 (59)	民宿パート (59)			
	10		島外パート (57)			
漁業	11			製塩工場 (41)		
	12	水道管理受託 (65)				
	13		小中学校教諭 (46)			
	14		紡績会社社員 (62)	建設会社 (42)		
	15		漁協加唐島支所 (56)			
	16		診療所事務員 (54)			
	17	民宿経営 (60)	民宿経営 (54)			
	18		漁協加唐島支所 (50)			
	19		保育所 (48)			
	20			定期船乗務員 (31)		
	21		製塩工場パート (50)			
	22			定期船船長 (46)	小中学校職員 (40)	
高齢夫婦	23		魚加工場パート (70)			
	24		製塩工場パート (66)			
独居老人	25		島外パート (74)			
無職	26					島外パート（娘）

資料：島民世帯悉皆調査。
注：1）加唐小中学校教諭と加唐島診療所医師を除く。
　　2）太字は島内職場勤務者。

場所があること、および、片道17分で島始発7:10、本土発終便18:00という定期船の運行の範囲内でではあるが、本土のパート等への通勤が一定形成された結果である。

　しかし、就業場所は島内22人に対し、島外12人と、島内での就業場所が限られているにもかかわらず、そこへの就業者のほうが多いことに注意が必要である。これは「島内だけでなく、島外の近くにも仕事がなく」、また定期船の運行時間の制約があるからであり、そのことは島外への就業者12人中4

人が臨時的（パート）就業者であることに示されている。

　さて次に、自営漁業以外の就業者数は、サラリーマン世帯においても漁業世帯においても同じ15人となっているが、世帯数ではサラリーマン世帯（10）よりもむしろ漁業世帯（12）のほうが多く、漁業総世帯（26戸）の中で12戸（46％）が兼業漁家として、世帯員の誰かが自営漁業以外の仕事をしているという実態にある（**表9-1**も参照）。

　以上から、近海小島であっても、不十分ながらも交通、教育・医療等の最低限の1セットが確保されているならば、少なからずのプロパーのサラリーマン世帯も形成され、漁業不振から専業漁家が減少し兼業漁家が増加して、「主要な産業」は「第3次産業」だとされているが、しかしこれは、第1次産業中心の社会が第2次および第3次産業中心のものに自然に進展（発展）していくと教える経済学の一般法則の結果として生まれた芳しい現象ではなく、本質的に「島内や島外の近くに仕事がない」という厳しい社会経済的現実の結果なのである。

　したがって今後は、島内および通勤可能な島外の近くでの「仕事おこし」とそれに関わる定期船の時間帯改善の課題が出てくる。

9．小中学校・保育所の存続問題

（1）小中学校

　1995年頃までは小学校の児童数も中学校の生徒数も減少傾向を示してきていたが、それ以降は波を打った複雑な推移を示し、下げ止まったようにも見えた（**図9-8**）。しかし、小学校に関しては、2009年度（著者訪問時）において児童数15人の中に教員の子弟が3人おり、島生まれの小学生は12人であったことに注意が必要である。それは、当年度は小中学校教員16人中8人（4組）が夫婦であり、彼ら・彼女らの子弟の3人が小学校に通っていたためである。また、後述の保育所の園児5人のうち2人も教員夫婦の子弟であったため、このように一定数の教員夫婦が本小中学校に赴任してくるならば、今

154　第Ⅲ部　玄海諸島の諸相

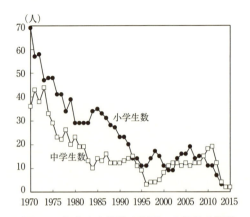

図9-8　加唐小中学校の児童・生徒数の推移
資料：加唐小中学校資料、『離島統計年報』日本離島センター。

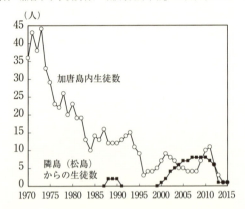

図9-9　加唐中学校の生徒数の出身島別人数の推移
資料：加唐小中学校資料、『離島統計年報』日本離島センター。

後とも小学校児童の中に教員子弟が入ってくることになる。

　他方、中学校に関しては、**図9-9**のように、加唐島出身の生徒数が依然減少傾向にあるのに対して、2000年度以降、隣の松島（加唐島小学校松島分校）出身者が増えだし、2004年度以降は加唐島出身者数を上回るに至ったが、2009年度以降は加唐島出身者数が増え、2010年度には再度逆転し、松島出身者数は加唐島出身の生徒数を下回った。2010年度の小学生数は松島（分校）

の8人に対し加唐島出身者は10人いたため、上述の加唐島小中学校教員の子弟（小学生）は2009年度に3人いたが、今後ともこの程度であると仮定すれば、2010年度に見られた現象は今後とも定着し、加唐島中学校の出身別生徒数においては加唐島出身者数が松島出身者数を上回る状況がおそらく続くものと推測された。

関連して、松島の小中学生数の動向（図10-8）を見ると、松島の小学校分校はかつて一時期、小学生がいなくなったため、1988年度に休校になったが、島出身の海士後継者や遊漁船経営を始める青年の帰島（Uターン）や島で海士や定期船運航に携わっていた青年の結婚等により、彼らの子弟がその後小学生となったため、96年度以降、分校が再び開校された。そして、その後小学生は中学生となったが、島内には中学校がないため、隣の加唐島の中学校に通うようになったというわけである。

しかし、このようなこれまでの良好な状況は2012年以降大きく変化し、むしろ危機的状況を呈している。それまではともに10人を超えていた小中学生数が一気に減少し、2013年は小学生が3人、中学生が4人となり、次いで2014年と2015年にはそれぞれ2人、計4人となったからである。

その要因は、子弟の高校進学に伴って高校生はほとんど通学が不可能なため母親とともにその高校の近くのアパート等に住むのであるが、その際に小中学生の兄弟も一緒に高校生の兄や姉とそのアパート等に住んで、本土の小中学校に転校していくケースと、これまでは島の小学生はほとんど島の中学校に進学していたが、2012年に唐津市内に開設された中高一貫校の中学部に合格したために島の中学校ではなく本土のその一貫校の中学部に入学するために島を出ていく中学生のケースが目立ったからである[5]。なお、このようなケースは第10章の松島でも見られた。

（2）保育園児数の動向と市立保育園の取組

関連して、保育所（市立）の園児の動向を見てみる必要がある（図9-10）。近年は、保育所においても上述の教員の子弟および隣の松島出身者の影響が

第Ⅲ部　玄海諸島の諸相

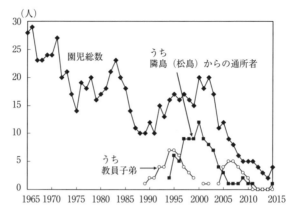

図9-10　加唐島保育所の園児の内訳

資料：加唐島保育所資料。

大きく、一時期それが決定的であった。減少傾向にあった園児数が1990年頃から増加に転じたのは、まずは保育園に夫婦の教員世帯の子弟が入ってきてその数が増加してきたこと、またその数年後からは今度は子どもの数が増えだした隣の松島から船で通ってくる園児数が増えだしたためである。しかし、それらも一巡した2000年度頃以降は園児総数が減りだしただけでなく、急減傾向を示し、2009年度には園児数が5人となってしまったが、うち教員世帯の子弟が3人、隣の松島からの子供が2人となり、ついに加唐島出身者はいなくなった。しかし、2010年度には加唐島出身の園児が2人入り、教員子弟が2人、松島から1人の計5人を維持し、また2011年度も何とか5人を維持できたが、2012年以降の見通しが厳しくなった。それは、市立保育所としての認定基準が園児5人以上となっていたからである。しかし、本土では保育園が休園しても他の保育園に転園が不可能ではないのに対して、この島では保育所が無くなったら園児の行き場が無くなるという島の条件不利性を主張した結果、市が本島の市立保育所として5人以上という定員枠の除外を許可したため、2012年度以降も園児がいる限り市立保育所としての存続が認められることとなった。

その後、保育園児数は2012年度4人、2013年度3人、2014年度2人、2015年度当初は2人であったが、7月には診療所の医者の子供が入園し、また10月には島の若夫婦の子供も入園し、結果4人となった。少ないとは言え、人口の少ない島では1つ1つ、1人1人の動向が大きく作用することが分かる。1人の若者の結婚が島社会にとってどれほど大きい意味を持つかということを示している。

10．観光対策

　本島への観光客にはいくつかの異なったタイプがあるため、タイプごとに分けて考察していく必要がある。

（1）日帰り釣り客

　しばらく増加傾向を見せていた観光客数は、2002年以降、大きく減った。これは、バブル崩壊や景気停滞を背景に、一定の金銭的支出が必要な釣り客などが減少したためと推測される。このような傾向は2007年の松島調査でも同様に確認された。

　なお、減少したとは言っても、1970年代前半の1,000～3,000人台よりはまだ多くの人たちが訪れており、本島の岩場は良い釣り場であるため、土日祭日には子供を連れた父親や常連の太公望グループを見かける。このような釣り客を増やすための対策も捨てたものではないと考えられる。そのための検討課題としては、釣り場の整備や日帰り釣り客を宿泊客にレベルアップする方法などであろう。

（2）宿泊者

　2000年以降、日帰り観光客数が激減したのに対し、宿泊者数の減り方はそれほどでもないし、1990年代よりははるかに多い。宿泊者とは、主に島で捕れる新鮮でおいしい魚を食べることを目的に民宿に泊まる時間的・経済的余

裕のある年配者や家族連れである。

　このような宿泊者数の動向に民宿の数も対応している。1991年以降は島に民宿は1軒しかなかったが、1999年以降宿泊者数が3～4倍に急増したため、2001年にもう1軒が民宿を始めた。その後、宿泊者数は3,000人前後を維持してきたが、2009年に民宿が2軒から1軒に減ったことを契機にまた減少してきているように見える。

（3）武寧王観光

　本島は朝鮮の古代国家であった百済の第25代の武寧王の生誕地とされていることから[6]、玄海諸島の中では日韓交流に最も深く関わった島として、韓国人を含めた見学者を見込んだ観光を推進することを目的に、その受け皿として、まず玄海諸島関係者によって武寧王唐津市実行委員会が結成され、また2005年に島づくり実行委員会を立ち上げ、本委員会が中心となってこの年に第一回武寧王生誕祭を開催した。その中身は、日韓共同で加唐島港西側に立派な武寧王生誕記念碑を建立し、それに合わせて韓国から子どもたちを招きホームステイを行うものであった。

　そして、その後も、毎年多様な形で生誕祭を継続して開催してきている。

（4）椿園観光

　椿園を見に来る観光客は少ない。それは、著者の経験から、以下のようないくつもの難点があるからと考える。すなわち、まず定期船の出入りする港（加唐島港）から椿園までの距離が片道3kmはあり、目下のところ貸自転車などがないため、歩いていかねばならないことから、それだけの体力と時間を覚悟した準備が必要である。また、舗装され車も通れる立派な道路ではあるが、アップダウンがあり、また曲がりくねって先の見通しが利かない箇所が多いため、椿園までは徒歩で約1時間ほど掛かるのであるが、初めての者にとっては、帰りの船の時間との関係も考慮しつつ、往復でどのくらいの時間が掛かるかの正確な情報もなく、行くか止めるかの決断に迷う。さらには、

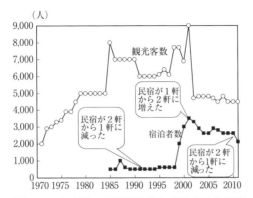

図9-11　加唐島への観光客数と宿泊者数の推移

椿は島全体の至るところに自生しているが、その中で椿園だけがとりわけ整備されているわけではないため、椿園の所在が必ずしも明確ではない。関連して、椿園までの道順表示が必ずしも明確でないため、曲がりくねった先の見通しのきかない道路を歩く者にとって現在地点がよく分からず、歩行者は不安を持って歩かざるを得ない。

こうして、多くの改善課題が考えられるが、この点は「提言」の項目に譲る。

11. 提言

(1) 農業問題

1) イノシシ対策

作物生産上の目下の最大の問題はイノシシ被害であるため、それにいかに対応するかが課題である。制度上は島に農振農用地指定地域がないため、中山間地域等直接支払制度によって防護策を張り巡らす等の対応は不可能だが、島の作物生産が日常生活上必要不可欠な野菜確保だけでなく、増え続ける高齢者の健康上も重要であることから、上記制度とは異なる補助対策や、これまでの制度を超える特別策がないかの検討が求められる。

2）作物生産の拡大と販売

　2010年度に本土の呼子町内に島の特産物を含めた主に水産物を販売する直売所が開設されたのを契機に、水産物だけでなく、今でも栽培・出荷されているツワブキや乾燥ダイコンなどの農産物を販売していくことが可能である。組織的にも2009年現在、漁協組合員20人を上回る21人の農協組合員がいることは、そのための集団的・組織的支えとなる。彼ら21人が組織的・集団的に作物生産・販売に力を入れ、作物生産の減少傾向を逆転させ、農業生産のレベルまで持っていける可能性はある。

　そして、これらのことを主に担うのはこれまで通り高齢者であるが、この点でも増え続ける高齢者にはますます出番が回ってくる。

3）椿の実の加工（搾油）・販売と観光面での椿園の整備
①椿の実の加工・販売の促進

　椿油が良質であることから、すでに始まった宣伝と新商品の開発をさらに進める必要があろう。新・旧商品の拡大は、あせらず少しずつでよいが、実を購入して加工・販売している呼子の業者がイオン唐津店の地元商品コーナーにも置いている（島独自開発商品は置いていない）ことや、玄海町内の温泉施設に併設された店に長崎県福島産の椿油が、内容成分や利用（頭髪・化粧・調理）方法を示して販売されていることなどが参考となる。

②椿園観光の推進

　島全体が椿であると言っても、そのままで観光客が来るわけではない。整備し受け入れる体制を整える必要がある。まず必要なのは、園の整備である。目下、放置された状況であることが否めない。椿は寒椿だけでなく夏椿もあり、形や色の異なる品種が意外と多い。目下、加唐島の椿は自生種が多いため、ほとんど寒椿であるが、観光客を集めるには、まずは代表的ないくつかの品種を道端に植栽し、名札を付けてその違いを知らしめる必要がある。そして、品種をさらに増やしていき、多くの品種が見られ、またそれらを確かめつつ学習することができるようにするとよい。そうすれば、「椿を見て学

べる」ということが広まり、椿・花木ファンや子供を伴った家族が見に来る。また、定期的に椿園ウォークを実施したり、椿油搾り体験も取り入れたりもしたらどうだろうか。

そのためにも、道順を明確にした道路標示の設置が求められる。

なお、道路標示は初めての人を対象に、道幅、舗装・非舗装、距離、近道と遠道、目印などが分かるように、丁寧な表示が必要である。

③椿園の整備と合わせた大泊集落の観光化

椿園は島の北側の大泊港に近いため、せっかく時間を掛けて椿園に行ったついでに、帰りは大泊港経由で戻ってくるという経路もあるため、その途中にある大泊港付近に観光客が寄れる場所を作るという考えも成り立つ。なお、その場合は、大泊港経由の道が狭く険しいため、多少の手入れと案内・標示の追加が必要となる。また、大泊で何を見せるかも重要である。大泊港と大泊集落をただ素通りするだけなら、当集落にとっては迷惑以外の何物でもない弊害ともなることも危惧されるので、慎重な検討が欠かせない。

（2）高齢者の出番

加唐島の高齢者の出番として、以下の点が指摘できよう。

1つは、歴史の生き証人として島の歴史を伝え、あるいは残す役割である。加唐島の歴史に関する資料や言い伝えは少ない。特に現代史がよく分かっていない。戦後の島の産業史の中心は漁業史だが、これがまとめられていない。

そこで、年配の漁師を含めた歴史研究会を組織し、戦後漁業史とその関連史、あるいは生活史などをまとめる必要がある。生活史に関しては、高齢者の誰もが担い手となりうる。

なお、このような組織の結成には、下記のように学校の教員などが関わり、また、歴史の聞き取り作業には中学生などを巻き込んでもいい。生徒が歴史をまとめる作業の一部を「体験」することによって、自分たちの島の歴史をより深く理解することは、自らの誇りにつながり、今度は自分が他に伝えることなどを通して、将来たとえ島外で暮らすにしても、本人の人生上の血と

なり肉となっていくものと思われるからである。

　また、戦前・戦後の産業・生活をうまく語れる古老に、中学校の総合学習の一環としての授業をやってもらうのも一方法である。これそのものがまさに高齢者と教員と生徒の共同作業でもあるし、それを今後さらに深める取り組みに発展させていくことも可能であろう。

　2つ目は、上述のように、作物生産の担い手としての役割である。それは、自給的なものでも島だからこその特有の意義を持つ。それは、本土から離れているため、島の商店での野菜類・芋類の十分な購入が不可能に近いため、野菜類の自給的生産は日常生活上、必要不可欠な、いわば自衛的な支えとなっているからである。その意味では、見かけ上は同じでも、本土のわれわれの家庭菜園とは意味する役割・性格が異なり、島だからこその特別重要な位置付けを持っている。

　また関連して、高齢者は、熟練した作物栽培方法（農法）をその下の世代に伝えていく必要がある。

　さらに、作物生産・土いじりは、たとえ自給的、小規模、販売なしであっても、高齢者の健康保持のための日常運動の重要な一環をなしていることである。いわば、「健康の秘訣は畑仕事から」ということである。

（3）島の自然・社会を生かした観光

　島の自然や社会の特徴は、それぞれ島によって異なる。加唐島の特徴は、良質な魚釣り場、複雑な道路、奥深い山（丘）、さらには台地上の淡水池の存在などである。これらは島民の宝であり財産でもある。

　もし、これらを活かした観光を目指すとしたら、以下のようなことが考えられる。

1）複雑な道路を活かして「迷路の島」「冒険の島」と銘打って、小中学校間交流（島学校）のときに、椿園までの「迷路を歩く」催しをしたり、一般の子供たちを対象にしたイベントを行ったりすることはできないだろうか。

2）淡水池を利用して、同様に「海の魚も川の魚も釣れる」加唐島と銘打ったイベントはできないだろうか。

　この1）、2）において活躍するのが小中学校の児童・生徒であることは言うまでもない。しかし、そのためには、島の子ども自身がこのような自分の島の特徴を熟知していなければならない。そのためには高齢者や家族員や学校教師の役割も大きい。

　3）釣り客を増やすための、釣り場の整備や簡易宿泊所の設置なども検討に値する。

【注】
（1）日本離島センター『シマダス』2005年、736頁。
（2）唐津市ホームページの住民基本台帳より。
（3）加唐島漁村環境改善総合センター（公民館）の集会室に掲示されている「加唐島改革者業績」より。
（4）2009年度加唐島区長（唐津市駐在員）の作本巌氏からの聞き取りによる。
（5）『佐賀新聞』2015年3月7日付も参照。
（6）武末純一「武寧王を知っていますか？」福岡大学人文学部歴史学科編著『歴史はもっとおもしろい』西日本新聞社、2009年など。

第10章

松島

「ひょうたんじま」とも呼ばれる松島

全員が1隻の船で操業する松島の海士グループの船出

1. はじめに—課題—

　松島は、東松浦半島から3km余り先の小島嶼であり、町村区分では唐津市鎮西町に属するが、定期船は呼子港との間を航行するため、むしろ呼子町とのつながりが強い。

　そして、これまで何度か述べたように、1990年代に人口と世帯数が増加した。また、第4章2．（1）で述べたように、本木修次氏はこの点に注目し、

図 10-1　松島の地形図

資料：国土地理院2万5千分の1「呼子」の一部を90％大で転写。

何度も本島を訪問し、その様子を自身の著書に書き記している。そこで、本書もこの点に注目しつつ、本島の概要や特徴についてまとめてみたい。

2．人口・世帯数の推移

（1）人口と世帯数の推移

　人口は、図10-2に見るように、1950年代には180人を数え、小さな島としては一定数の人口が存在した。しかし、その後、島の人口は激減傾向を示した。また、それに伴って、世帯数も激減した。雪崩を打って、挙家離村（離島）が行われたためである。

　しかし、そのような人口・世帯数の減少傾向は、1990年頃で止まり、その後は逆に人口・世帯数が増加に転じた。すなわち、松島では1990年代に、約30人の人口と約10戸の世帯数が増加したのである。

　そもそも島嶼において、このような人口と世帯数の増加は極めて希な現象であるため、多方面から注目された。なお、その実態と要因については後述することとし、その前に、他の玄海諸島の島々と比較しながら、現在の松島

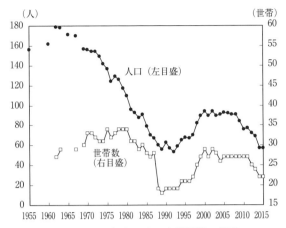

図10-2　松島の人口と世帯数の推移

資料：『全国離島人口総覧〔改訂版〕』全国離島振興協議会、1983年、『離島統計年報』日本離島センター、唐津市ホームページ。

の人口構成の特徴について、もう少し述べてみたい。

(2) 年齢構成の特徴

次に、表10-1で松島島民の年齢構成を見ると、2005年から2010年の間に年少人口割合のみが低下し、生産年齢人口と老年人口の割合はともに上昇した。老年人口割合の上昇は確実であるが、しかしまだ20％〜30％台であるから、それほど問題になる数値ではないと見られる。そして、このことがほかでもない1990年代の人口増加とかかわっていることは言うまでもない。

表10-1　松島における年齢階層別・性別人口割合の推移

種類	性別	2005年	2010年
年少人口	男	33.3	17.9
	女	26.5	16.0
	計	30.7	17.2
生産年齢人口	男	40.7	56.4
	女	47.1	52.0
	計	43.2	54.7
老年人口	男	25.9	25.6
	女	26.5	32.0
	計	26.1	28.1

資料：国勢調査。

168　第Ⅲ部　玄海諸島の諸相

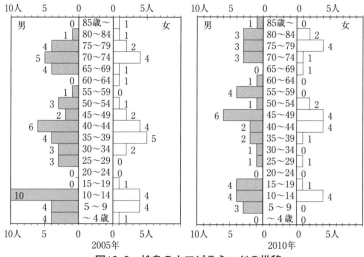

図10-3　松島の人口ピラミッドの推移

資料：国勢調査。

したがって、図10-3の人口ピラミッドにおいても、2010年時点でも、上述した年少人口と生産年齢人口と老齢人口の3者（3層）が比較的バランス良く存在していたと言えよう。

(3) 訪問調査結果

さて、2015年6月に松島の島民世帯悉皆調査を行った。この調査結果から得られた男31人、女22人、計53人に関するデータは、2015年6月1日時点の唐津市の住民基本台帳人口の松島分の男35人、女22人、計57人[1]と比較して、ほぼ全体の実態を捉えられたと見られる。

この面接調査の結果から、上記の統計データでは把握できない諸点が明らかになった。

第1に、世帯員をいかに把握するかが実は簡単ではなかった。それは、「主たる住居が島外にある」という人が少なくなかったからである。しかも、そのような人の実態も多様であった。すなわち、その多くは高校に進学したた

めに島の実家から離れて本土の高校の近くのアパートに住んでいる高校生であったが、それだけでなく、彼ら・彼女らの高校生のアパートに同居して本土の小中学校に通う弟や妹も見られた。さらに、彼ら・彼女らの本土での生活を支援・扶養するために彼ら・彼女らと一緒にアパートに住み込む母親等のケースであった。このような「主たる住居が島外にある人」も本項では本島に属する世帯員であると捕らえ、島民人口としてカウントした。それは、たしかに「主たる住居が島外」にあっても、実態としては「二カ所住居」(2)であり、しょっちゅう島の実家に帰るし、島の

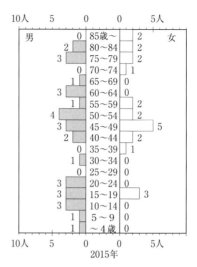

図10-4　松島の人口ピラミッド
（2015年6月現在）

資料：島民世帯悉皆調査。

住民として認知されているからである。また、目下のこのような生活スタイルはライフステージ上の一時的な1コマであって、少なくとも母親等の保護者にとっては島の実家が本来の住居であり、実際いずれ島の実家に戻ってくるからでもある。

　こうして、彼ら・彼女らも島民人口としてカウントして表示した松島の2015年6月現在の人口ピラミッドが**図10-4**である。

　関連して、第2に松島島民の世帯類型の把握を試みた。**表10-2**はその結果をまとめたものである。

　表から3つのことが指摘できる。1つは、松島でも独居老人や中高年単身者の世帯が増加したが、しかし基本的には島民世帯の代表格は従来どおり漁家の7世帯と遊漁船経営の4世帯の2タイプであるということである。そして、漁家には13人、遊漁船経営世帯には16人、合わせて29人、すなわち全島民53人の55％が住んでいる。なかでも、松島の場合は、遊漁船経営世帯数と

表10-2 松島の世帯類型と世帯員数（2015年6月現在）

世帯類型		世帯数	世帯員数[1]		備考
			同居	他出	
漁家	海士漁	7	13	5	
	釣り漁	1	3	0	
遊漁船経営		4	16	2	
定期船経営		1	1	3	
高齢夫婦		1	2	0	
独居老人		3	4[2]	2	75歳以上
中高年単身者		2	2	0	50～60歳代
合計		19	41	12	

資料：島民世帯悉皆調査。
注：1）同居と他出の違いは主たる住居が島内の自宅か（同居）島外か（他出）の基準で判断した。
　　2）一時的に同居している友人が1人いたため。

そこにおける世帯員数の多さが目立つ。これは第5章の図5-6に松島における「サービス業」の割合の高さとして現れていた。

　他方、漁家のほうは、7世帯の7人が海士であり、松島の漁業の代表が海士漁であることが分かる。ただし、もう1軒、主に釣り漁を行う漁業者世帯もあり、海士も本来の「素潜り漁」以外に副業として、あるいは海士の禁漁期に釣り漁も行っている。そのことは後述の図10-5から、海士漁による水産動物（ウニ・ナマコ）や貝類（アワビ・サザエ）に次いで一定額の魚の水揚額が見られることからも分かる。

　なお、このような世帯類型は世帯主の職業で分類した類型化の一方法であり、海士世帯の中にも実は「中高年単身者」世帯が2世帯含まれていることに注意する必要がある。その意味で、この世帯類型はさしあたりの一類型でしかなく、寿命の伸びを考慮しつつも、やはりは独居老人やその候補者と見られる中高年単身者が増加しつつある実態を見過ごしてはならない。

　2つ目は、しかし、島民ひとりひとりの生活実態は単純ではないことである。この点は上述の「主たる住居が島外にある」人が少なくないということにほかならないが、その実態を数値的に示したのが表10-2である。表では「主たる住居が島外にある」人を「他出」世帯員として把握した。その結果、「他出」世帯員は全体で12人にのぼった。そして、この12人の内訳は、高校生が

6人、中学生が1人、小学生が2人、彼ら・彼女らの母親が3人であった。また、男女構成はそれぞれ6人であった。

そして3つ目に、表出はしていないが、後継者の有無が重要な問題として存在する。目下のところは、遊漁船経営の4世帯のうちの2世帯と釣り漁世帯においてともに20代の後継者が生まれていることが注目される。また、一方で、海士漁世帯の7世帯の中で、2世帯において他出のともに20代の子弟が将来海士漁を継ぎたい意向を示していると彼らの父親は語るが、父親自身はそれを勧めてはいない。その背景には漁業経営や結婚および子育て・教育への不安が横たわっている。

3．インフラの整備状況

さて、上述のように、まず現局面の実態を述べたが、以下においては改めて松島の全体的・基本的事柄を確認しておきたい。

定期船、上下水道といった生活インフラの整備においては本土や他の玄海諸島との差はほとんどない。たとえば、上水道は1968年には既に井戸ではなく簡易水道に変わっていたし、下水道は2006年までは自家処理されていたが、2007年からは水洗化が開始され、現在では水洗化割合が主流になりつつある。また、定期船も、かつて人口が多かったときは1日3往復していたが、人口減に伴って1974年以降は2便に減少していた。しかし、後述するように、90年代に入り人口が増え、その結果96年にはそれまでしばらく休校になっていた小学校分校が開校されたわけだが、このような人口増に伴う人の往来増に対応して98年以降、定期船の便数が以前同様3便に増便された。

しかし、一方で、診療室はたしかに老人憩いの家の一室に設けられているが、そこでの医療は一週間に一度、木曜日の午前中のみ、東隣の加唐島の診療所から訪れる医師と看護師による出張診療に限られており、「無医村」的実態から脱していない状況が続いている。

第Ⅲ部　玄海諸島の諸相

表 10-3　松島におけるインフラ整備の進展状況

年次	定期船の就航の推移				水道利用人口（人）		し尿処理方法	
	1日当たり就航回数（往復）	事業者名	船舶名とトン数	就航率	簡易水道	井戸	水洗化人口	非水洗化人口（自家処理）
1968	1				170	0		
1969								
1970					156	0		
1971					154			
1972					154			
1973	3		新栄丸 4.8		149			
1974	2		新栄丸 4.8		142			
1975	2		新栄丸 5		137			
1976	2		新栄丸 4.8		124			
1977	2		新栄丸 5		129			
1978	2		新栄丸 5		126			126
1979	2	中尾政友	新栄丸 5		117			117
1980	2	中尾政友	新栄丸 5		110			110
1981	2	中尾政友	新栄丸 5		97			97
1982	2	中尾政友	新栄丸 4		93			93
1983	2	中尾政友	新栄丸 4		88			88
1984	2	中尾政友	新栄丸 4		91			91
1985	2	中尾政友	新栄丸 4		79			79
1986	2	中尾政友	新栄丸 4		70			70
1987	2	中尾政友	新栄丸 4		67			67
1988	2	中尾政友	新栄丸 4		60			60
1989	2	中尾政友	新栄丸 4		56			56
1990	2	中尾政友	新栄丸 4		63			63
1991	2	中尾政友	新栄丸 4		57			57
1992	2	中尾政友	新栄丸 4		53			53
1993	2	中尾政友	新栄丸 4		59			59
1994	2	中尾政友	新栄丸 4		65			65
1995	2	中尾政友	新栄丸 10		68			68
1996	2	中尾政友	新栄丸 10		67			67
1997	2	中尾政友	新栄丸 10		70			70
1998	3	中尾政友	新栄丸 10		82			82
1999	3	中尾政友	新栄 10		90			90
2000	3	中尾政友	新栄 10		94			94
2001	3	中尾政友	新栄 10	98.5	90			90
2002	3	中尾政友	新栄 10	97.3	94			94
2003	3	中尾政友	新栄 10	97.4	90			90
2004	3	中尾政友	新栄 10	96.4	91			91
2005	3	中尾政友	新栄 10	96.4	93			93
2006	3	中尾政友	新栄 10	98.6	92			92
2007	3	中尾政友	新栄 10	98.6	91		55	36
2008	3	中尾政友	新栄 10	100.0	91		62	29
2009	3	中尾政友	新栄 10	100.0	84		67	17
2010	3	中尾政友	新栄 10	100.0	76		65	11
2011	3	中尾政友	新栄 10	99.2	77		66	11
2012	3	中尾政友	新栄 10	99.5	72		54	18
2013	3	中尾政友	新栄 10					
2014	3	中尾政友	新栄 10					
2015	3	中尾政友	新栄 10					

資料：『離島統計年報』日本離島センター、および定期船船長からの聞き取り調査。
注：1日当たり就航回数は平日のものである。

4. 漁業の特徴

(1) 漁業の種類とその推移

　表10-4に種類別の漁業経営体数を示した。近年は漁業センサスデータが秘匿されているため不明な箇所が多いが、大きく松島の漁業は採貝（海士漁）と釣りであることが推測される。別の統計（図10-5）からも主な採捕対象は貝類と水産動物と魚類であり、アワビ・サザエとウニ類を捕る海士漁と魚釣りが主な漁業種類であることが分かる。そして、これらの漁獲額は、年によ

表10-4　営んだ漁業種類別経営体数の推移（松島）

（単位：経営体）

年次	経営体数 延数	経営体数 実数	刺し網	釣り いか	釣り その他	採貝	その他の漁業
1983		10					
1988		9					
1993		10					
1998	20	9		5	7	6	2
2003	38	14	2	7	12	9	8
2008	x	12	x	x	x	x	x
2013	x	10	x	x	x	x	x

資料：漁業センサス集落カード。
注：xは秘匿項目。

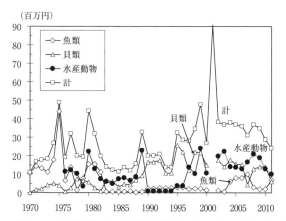

図10-5　漁業種類別の水産物水揚額（属人）の推移（松島）
注：2001年のデータは異状と判断し、内訳は削除した。

り変動が激しいが、減少傾向を示しているわけではない。むしろ、漁獲額は手堅く推移しているように見える。なお、この点は注目されるため、関係箇所で再度後述する。

(2) 水揚量の推移

図10-6の水揚額は同じ日本離島センター発行の『離島統計年報』からのものだが、掲載箇所が異なることから先の図10-5のそれと少し異なっているが、この図10-6からは水揚額と水揚量の両者の傾向を比較しながら見ることができる。そのようにして見ると、両者ともにそれぞれ変動が大きいが、傾向として両者はおおむねパラレルに推移している。そして、両者とも傾向的にそれぞれほぼ同水準で推移しており、持続的生産が行われていることが示唆される。

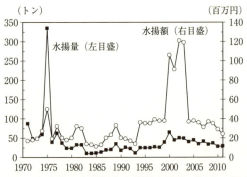

図10-6　水産物の水揚量と水揚額の推移（松島・属人）

(3) 1漁業経営体当たりの水揚の推移

こうして島全体としては同水準で推移しているが、では漁業者1経営体においてはどうかが重要である。それを図10-7に示したが、1経営体当たりでは、水揚量も水揚額もむしろ増加傾向を示している。以下に見るように、松島の漁業はすべて個人業態で営まれており、1漁業者＝1漁業経営体となっていることから、1漁業者においては水揚量も水揚額も持続的に推移し、良

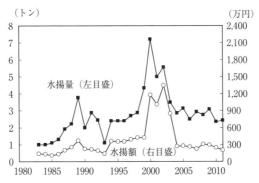

図10-7　1漁業経営体（1世帯）当たりの水産物水揚量と水揚額の推移（松島・属人）

表 10-5　販売金額別漁業経営体数の推移（松島）

(単位：経営体、万円)

		経営体総数	100万円未満	100～300	300～500	500～1,000	1,000～2,000	2,000～5,000	5,000万円～1億円	1～10億円	1経営体平均漁獲金額
玄海海区	1973	2,202	1,139	997		22	37			7	
	1988	1,564	300	796		272	102	58	23	13	
	1993	1,372	231	641		262	130	77	22	9	
	1998	1,174	174	585		243	78	74	11	9	
	2003	1,048	195	568		174	57	37	10	7	
	2008	905	196	222	208	191	41	26	17	3	
	2013	793	197	246	169	118	23	31	6	1	
松島	1998	9		5		4					412
	2003	14	5	8		1					246
	2008	12	x	x	x	x	x	x	x	x	

資料：漁業センサス集落カード。
注：x は秘匿データ。松島の1973～1993年のデータはなく、2013年のデータはすべて秘匿のため非掲載。

好な漁業が行われていると見られる。

　ただし、**表10-5**の販売金額別漁業経営体数の推移からは、上記の秘匿データゆえに、販売額階層における明確な特徴は見出せない。

5．農業の推移

　1962年の島民世帯数は27戸とあり、農業センサスで1960年に農家数が25戸となっていることから、当時は島民世帯のほとんどが農業を営んでおり、「農

表 10-6 農業の推移（松島）

（単位：戸、a、頭、羽、万円）

年	農家戸数(戸) 計	専業	2兼	経営耕地面積(a) 計	畑	果樹園	耕作放棄地面積(a)	保有山林面積(a)	作物収穫面積(a) 麦類	雑穀	芋類	豆類	野菜	役肉用牛 飼養戸数	家畜飼養頭羽数 役肉用牛	鶏	農畜産物生産額(万円) 芋	豆・雑穀	野菜	牛	鶏卵	その他	計
1960	25	-	25	515	-	-	-	780	400	9	443	1	84	10	10	93							
1970	20	3	17	280	-	-	…	…	64	-	80	-	20	1	1	30	10		20	20	10	10	70
1971																	10		30			10	50
1972																			10			10	20
1973																			20			10	30
1974																			20			10	30
1975	15	2	13	193	10	-	62	…	29	-	103	-	41	2	3	-			20			50	70
1976																			240			50	290
1977																	40	20	60				120
1978																	40	10	60				110
1979																	90						90
1980	11	-	11	60	-	-	-	…	-	-	60	-	-	-	-	-	90						90
1981																	110						110
1982																	80						80
1983																	80						80
1984																	80						80
1985	6	-	6	53	-	-	19	…	29	-	-	4	21	-	-	-	80						80

資料：『1960年世界農林業センサス結果報告』[2] 農家調査集落編』佐賀県、1961年、農業センサス集落カード、『離島統計年報』日本離島センター。

注：1986年以降は該当値なしのため表出省略。

家」としてもカウントされていた。当時は漁業も盛んだったと思われるため、半農半漁であったと推測される。そして、1960年当時は畑が515ａあり、麦と芋がともに400ａ余り栽培されていた。つまり、夏場に芋（さつまいも）が冬場に麦（裸麦）が栽培されていた。また、野菜も84ａ栽培されていた。そして、10戸で10頭の役牛が飼われていた。農家の半数弱が牛を持ち農作業に使っていたのである。さらには、鶏が100羽近くいた。こうして、当時は、このような小さな島においても、小規模ではあったが、東松浦郡の本土の畑作農家と同様の形態の農業が行われていたのである。

　しかし、その後は、農家数も経営耕地面積も作物作付面積も急減し、日本離島センターの調査では1985年以降には農産物生産額はなくなったとされ、また農業センサス調査においても90年以降は「農家」の基準に満たず、「農家」は消滅したとして調査は打ち切られて今日に至っている。しかし、実際は90年以降も細々ながら作物生産は行われており、2015年の我々の独自調査時点でも少なからずの世帯が野菜・果実の自給的生産を行っていた。そして、このような作物生産の実態は玄海諸島の他の島々でも同様であり、作物生産が野菜等の食材供給のみならず、野外での体力仕事による健康維持や島民の交流の場ともなっているなど、多様な重要な役割を担っていることについては第Ⅲ部の他の箇所でも繰り返し述べている通りである。

6．人口増加と小学校分校開校

（1）人口の増加

　既に第4章2．（1）および第5章1．（1）でも述べたように、玄海諸島で唯一、松島において1990年代に60人規模の人口が90人規模に増加したこと、またその結果、それまで小学生がいなくなったために休校になっていた小学校分校が開校（再開）されたことを述べた。そこで、本項ではこの点を詳しく述べることとする。

　1990年に入り、松島出身者で一時離島していた海士世帯の後継者家族や遊

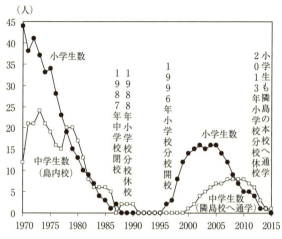

図10-8　松島の小学生と中学生の推移

資料：『離島統計年報』日本離島センター、加唐小学校松島分校資料。

漁船経営開始者の家族が毎年帰島する傾向が10年間ほど続いた。その結果、島民人口が増え、同時に世帯数も増えた。ひいては、**図10-8**に見られるように、子どもの数が増え、96年に小学校分校が開校されたわけである。このような現象は注目される動きだったため、マスコミにも取り上げられ、たとえば『佐賀新聞』には隣島の保育所に船で通う園児の写真入りの記事が載り、その要因として「島を離れていた若者が家族を連れて次々と島に戻ってきている」[3]と書かれた。

　ただし、著者らによる独自調査では、マスコミの言うような家族で帰島したいわゆるUターン形態は2家族の11人であって、それ以外にむしろ多かったのは一時離島していた松島出身者が結婚して夫婦で帰島し、その後子供が生まれて人口が増えたというケースで、このケースは5家族でその後の子供増加も含めて家族人員は18人であった。こうして、この間に合計30人ほどの人口が増えたわけである。

（2）人口増加の要因と背景

　本島の主要な産業である漁業の主体は海士漁であり、従来10名前後が海士漁に携わってきた。そして、1990年代に経営主の高齢化に伴って後継者が帰島し経営主が代替わりしたケースが、上記のUターン者や結婚帰島者の中に3件あった。そのことが、このような人口増加の一要因だった。

　ところで、彼ら松島の海士たちは禁漁期を除き、出漁日にはメンバーの誰かの船1隻に一緒に乗って、その日に決められた場所に向かい、集団操業して、決められた時間に一緒に戻るという方式を守っている。これは資源管理型、あるいは資源保護型の漁業方法と言える。上述の水揚量や水揚額の維持・増加はこのような漁業方法の結果であると推測される。なお、このような方法について海士グループの代表者のSさんは「この島は小さい島なので皆がそれぞれ別個に作業をすると競争となり資源枯渇の恐れもあるため、経験的に30年ほど前から先代たちが始めた」と語る。そして、ほかでもないこのような資源保護的で持続的な漁業の継続が彼ら後継者を島に引きつけた根本的な背景だったと考えられる。

（3）小学校分校の開校（再開）

　こうして、離島者の帰島等による人口の増加の結果、子供人口が回復し、1988年以降休校になっていた小学校分校が8年ぶりに開校（再開）されることになった。そしてその後、小学生が中学生となり、中学生数も増えた。中学生は中学校が87年に閉校となったため、それ以降は隣島の加唐島の中学校に船で通うようになったが、2000年以降の中学生の増加に伴って、一時は隣の島の加唐中学校の生徒数の過半数が松島出身者であったことについては、第9章で述べた通りである。また、保育園児はもともと隣島の加唐島の保育所に通っていたが、保育園児の構成も中学生数の構成と同様、一時期は保育所のある加唐島の出身者数を超えるに至った（図9-9）。

7．観光対策

　松島観光のメインは釣り客とカトリック教会関係施設の見学者であるが、近年はともに減少傾向にある。他方、民宿は1976年から99年までは1軒あり、その間に宿泊者が訪れた時もあったが、皆無の年次のほうが多かったことと、担当者の高齢化のため、2000年にはこの民宿は営業を停止し、その後しばらく松島には一般客の宿泊所はなかった。しかし、2014年に海士漁世帯が民宿経営を始めた。そして、目下のところは、1泊1組に限定という形で試行錯誤中であるが、幸い、順調な滑り出しだと主たる担当者は語っている。

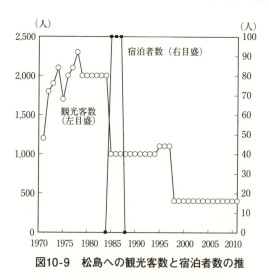

図10-9　松島への観光客数と宿泊者数の推

8．近年の新たな取組

　上記のように、1990年代の人口増加以来15年余が過ぎ、ライフサイクル上高校卒業とともに島を離れるケースだけでなく、彼ら・彼女ら高校生等の本土での生活を支援・扶養する保護者（母親）の一時的離島も含めて、その後

島民人口が他島同様に減少傾向を見せ始めた。しかし、近年、新たな「地域づくり」の取組が確実に見られる。それは、以下のとおりである。

1つは、オリーブ栽培の進展と油の製造・利用である。もともとは10年以上前にNPOにより島内に50本ほどのオリーブが植栽されたのが契機となり、その後10年ほど前に行政の支援を得た島づくり運動の一環として3年間で170本ほどのオリーブを追加植栽し、うち120本ほどが根付いた。しかし、その後は開花してもなぜか結実に至らないため、いろいろと試行錯誤を重ねてきた。その甲斐あって、2011年頃から結実が見られたが、収穫量はせいぜい10kg余りであった。しかし、少ないながらも確実に結実量は増え、2014年は30kg以上あり、油も720mlほど絞れた。そして、本2015年は昨年以上の開花が見られたので期待がふくらむ。

このことを背景にして、2015年に入り、このオリーブ油と松島産の水産物（ウニ・サザエ・アワビおよび鯛など）を使って松島出身で現在博多のイタリアンレストランに勤めているTさん（25歳）が職場の仲間や島の後輩と協力して3月と6月に島内で一日レストランを開催した[4]。そして、3回目を秋に開き、将来は予約制のレストランに高めていきたい意志を持っている[5]。

2つは、2015年に島内に初めて水産物加工所を建設し、共同で水産物の加工・販売を開始したことである。加工所は港の近くに設置し、目下、海士が捕ってきたわかめの塩漬けを製造し、本土の最寄りの農水産物直売所や活魚料理店に出品したり、遊漁客の土産に出したり、また個人からの注文を受けたりしており、製造販売量は順調に伸びているという。なお、加工所での主な担い手は海士の妻2人、遊漁船経営者の妻2人である。

3つは、すでに上述したが、2014年に海士世帯の1軒が民宿経営を開始したことである。これも目下試行錯誤中だが順調に推移しており期待される事柄である。

さて、以上の取組はそれぞれ相互依存の関係にある。すなわち、レストランや民宿が成功すれば観光客が増え、観光客が増えればこれらの起業の定着

条件が増す。また、水産物の水揚量が増えれば加工物も増えるし、漁業振興の後押しにつながる。

9．まとめ

　以上、1990年代に島の人口が増えて注目されたが、その帰島コースは家族のUターンだけではなく、むしろ結婚契機の島出身者の帰島が多かったこと、また帰島者が増えた要因・背景には適正少人数による資源管理型の持続的漁業スタイルがあったことを述べた。しかし、その後15年余がたった現時点では、人口増加はピークを越え、ライフサイクル上、彼ら・彼女らが高校入学と同時に離島するケースが出現し、再度、人口減少局面に入った。しかし、オリーブ油の生産漸増や水産物加工所の設置、およびそれらを基礎とした離島者による一時帰島レストランイベントの開催、さらには14年ぶりの民宿の再開といった新たな取組も見られ、島に新たな活気が沸き起こっている点が注目される。こうして、これらの取組を確実なものとして推進するにはいかなる条件が必要かがいま松島が抱える喫緊の課題となっている。

【注】
（１）唐津市ホームページより。
（２）山下祐介『地方消滅の罠』筑摩書房、2014年、254頁を援用。
（３）『佐賀新聞』1997年5月14日付。
（４）『佐賀新聞』2015年3月5日付、同年6月18日付。
（５）『西日本新聞』2015年7月27日付。

第11章

馬渡島

定期船「ゆうしょう」
に乗り玄海諸島最大の
馬渡島に向かう

本当に美しい馬渡島
カトリック教会

1. はじめに―課題―

本章は、インフラが比較的全般的に設置・整備されている、玄海諸島の中で面積や人口が最大規模の馬渡島を取り上げ、インフラ整備が必ずしも十分ではない玄海諸島の中の比較的小規模な加唐島（第9章）や松島（第10章）や向島（第12章）との違いに注意しながら、島嶼社会の全般的な現状と課題を探ることを目的・課題とする。

2. 馬渡島の今

（1）位置と人口・世帯数

馬渡島は佐賀県内の7つの島嶼（玄海諸島）の中で面積最大で最西端に位置する島である。「馬渡島は、名護屋から海上十浬（19km弱…小林）の距離にある。島は東西5km、南北4km、周囲14km、南部の波止場付近を除いて、全島海岸よりそそり立つ断崖で、殊に西北岸は物凄い絶壁をなし、荒天の時、玄海の波濤をうけて立つ、壮観は筆舌に尽せないものがある」[1]。また、海抜239mの島最高峰（番所の辻）が鎮西町内の最高峰でもあることに象徴されるように山がちな島である。それはまた、東松浦半島の溶岩台地の延長上に位置しているからでもある。

なお、「馬渡」という本島の名前の起源の一説には「この島に初めて中国から馬が渡って来たので」とも言われている[2]。

歴史的には朝鮮・中国との関係が深く、古くから人口も比較的多かったが、上記の地理的立地条件から、

図11-1　馬渡島の地形図

資料：国土地理院5万分の1地形図「波戸岬」（昭和62年発行）の一部を40％大で転載。

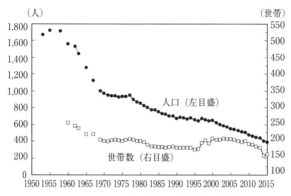

図11-2 人口と世帯数の推移（馬渡島）

資料：「離島における緊急医療体制等への対応について」日本離島センター、1974年、『全国離島人口総覧〔改訂版〕』全国離島振興協議会、1983年、『離島統計年報』日本離島センター、今里悟之『農山漁村の〈空間分類〉』京都大学学術出版会、2006年、唐津市ホームページ。

玄海諸島の他の島嶼同様、江戸末期には流人島としての役割も果たした[3]。

人口は戦後1955年頃の1,800人弱がこれまでのピークのようで、その後図11-2のように激減するが、その要因の1つはブラジル移民であった（後述）。

（2）インフラ―本土並みに整備完了―

1955年から離島振興法が適用され、これ以降、道路や港湾の整備が進んでいった[4]。

1）電気―海底送電化―

1962年頃は火力発電のため、日没に電灯がついて午後9時に消灯となった[5]。それでもまだ電灯が来ていない世帯もあったようである。同様に、68年には島の208世帯中198世帯（95％）には電気が来ていたが、10世帯（5％）には来ていなかった[6]。しかし、70年には馬渡島でも九州電力による海底送電工事が完成し、同年には全世帯で本土と同様に一般電化が実現した。

2）上水道―全面的な簡易水道化―

簡易水道利用開始年は不明であるが、1968年以降80年までは簡易水道利用

世帯数割合は45％前後であり、半数以上の世帯は井戸水に頼っていた。81年に簡易水道の機能が拡大され、この年には40戸（5％）を残して95％の世帯で簡易水道の利用が可能となり、翌82年以降、島の全世帯において簡易水道利用が可能となった。

3）下水道―水洗化―

1986年までは全島民世帯が自家処理をしていたが（「自家処理」時代）、87年から2005年まで8割以上の世帯が計画収集（委託くみ取り）を始め、また同年には10戸が水洗化を開始した。その後、水洗化世帯数は微増したが、2004年でも25戸止まりで、2004年までは8割以上の世帯が計画収集であった（「計画収集」時代）。ただ、その後も自家処理世帯数は減少しながらも2002年までは残っていた。

そして、2005年から水洗化世帯が急増し、翌2006年にはその世帯数割合が8割を超えてついに「水洗化」時代が到来したが、山間部の集落では2012年でもまだ30戸余りは計画収集を継続している。

4）交通事情

1962年当時は島には自動車もスクーターもバイクも1台もなかった[7]とあるが、その後は道路整備と合わせて導入が進み、現在では道路整備も自動車もバイク等の事情も基本的に本土と変わりがない。

5）消防団

消防団は1998年頃までは「宮の本」集落にのみ存在したが、人手不足となったために「野中」と「ニタ松」集落のメンバーにも加わってもらうこととなり、2010年6月現在は3集落から13名、計40名がメンバーとなっている。組織名称は唐津市鎮西町消防団第2分団第9部である。消防自動車が3台と路地用の手押し車が1台あり、普段は「宮の本」集落内の3カ所の車庫に収納されている。訓練は正月の出初め式と春秋の各1回の年3回行っている[8]。

第 11 章 馬渡島

表 11-1 馬渡島におけるインフラ整備の進展状況

年次	定期船の就航の推移					水道利用人口（人）		し尿処理方法の変化		
	1日当たり就航回数（往復）	事業者名	船舶名とトン数	就航率	補助航路	簡易水道	井戸	水洗化人口	非水洗化人口	
									計画収集	自家処理
1968	2					493	626			
1969										
1970						425	542			
1971						445	504			
1972						438	502			
1973	3		郵正丸 47			430	510			
1974	3		郵正丸 47			422	506			
1975	3		郵正丸 47			417	513			
1976	3		郵正丸 45			429	501			
1977	3		郵正丸 45			424	521			
1978	3		郵正丸 45			407	490			897
1979	3	浦丸正視	郵正丸 45		○	399	469			868
1980	3	浦丸正視	郵正丸 45		○	381	468			849
1981	3	浦丸正視	郵正丸 45		○	798	40			838
1982	3	浦丸正視	郵正丸 45		○	799				799
1983	3	浦丸正視	郵正丸 45		○	776				776
1984	3	浦丸正視	郵正丸 45		○	769				769
1985	3	（有）郵正丸	郵正丸 45		○	747				747
1986	3	（有）郵正丸	郵正丸 45		○	731				731
1987	3	（有）郵正丸	郵正丸 45		○	718		10	646	62
1988	3	（有）郵正丸	郵正丸 45		○	699		10	630	59
1989	3	（有）郵正丸	郵正丸 45		○	698		22	629	47
1990	3	（有）郵正丸	郵正丸 45		○	673		22	606	45
1991	3	（有）郵正丸	第18郵正丸 45		○	688		22	625	41
1992	3	（有）郵正丸	第18郵正丸 57		○	677		22	614	41
1993	3	郵正丸	第18郵正丸 57		○	664		22	609	33
1994	3	郵正丸	第18郵正丸 57		○	677		22	609	46
1995	3	郵正丸	第18郵正丸 57		○	654		22	609	23
1996	3	郵正丸	第18郵正丸 57		○	641		22	596	23
1997	3〜4	郵正丸	第18郵正丸 57		○	667		30	617	20
1998	3〜4	郵正丸	第18郵正丸 57		○	654		22	609	23
1999	3〜4	郵正丸	第18郵正丸 57		○	642		20	599	23
2000	4	郵正丸	第18郵正丸 57		○	645		20	599	26
2001	4	郵正丸	第18郵正丸 57	97.4	○	620		20	577	23
2002	4	郵正丸	第18郵正丸 57	97.1	○	599		20	556	23
2003	4	郵正丸	第18郵正丸 57	97.1	○	580		25	555	
2004	4	郵正丸	第18郵正丸 57	95.2	○	568		25	543	
2005	4	郵正丸	第18郵正丸 57	95.2	○	550		98	452	
2006	4	郵正丸	第18郵正丸 57	98.1	○	538		440	98	
2007	4	郵正丸	ゆうしょう 57	96.1	○	525		440	85	
2008	4	郵正丸	ゆうしょう 57	100.0	○	510		463	47	
2009	4	郵正丸	ゆうしょう 57	100.0	○	504		346	158	
2010	4	郵正丸	ゆうしょう 57	100.0	○	476		327	149	
2011	4	郵正丸	ゆうしょう 57	97.4	○	462		331	131	
2012	4	郵正丸	ゆうしょう 57	94.4	○	446		412	34	
2013	4	郵正丸	ゆうしょう 57							
2014	4	郵正丸	ゆうしょう 57							
2015	4	郵正丸	ゆうしょう 57							

資料：『離島統計年報』日本離島センター、および定期船船長からの聞き取り調査。
注：1日当たり就航回数は平日のものである。

6）定期船

　現在では1日4往復しているが、1962年頃は1日1往復だった。なお、当時も船名は現在と同じ「郵生丸」で、当時の船長を務めていた浦丸護氏は現在では本船会社の社長になっている。また、当時の定期船の規模は20トンであり、呼子港から馬渡港まで約1時間を要していた[9]。その後、66年に1日2往復に増便されたが、所要時間は68年でもまだ1時間を要していた[10]。

　そして、1971年には1日3便になり[11]、さらに97～99年に季節によっては4便化され、2000年以降は常時4便となった。また、合わせて船の規模も拡大過程をたどり、1970～80年代は45トン級に、90年代以降は57トン級になった。その結果、所要時間も短縮され、現在では30分で馬渡島に着くようになった。

　ただし、船の規模は大きくなり、現在では玄海諸島の中では神集島への定期船（汽船からつ丸58トン）に次ぐ規模となったが、年間就航率は7島の中で一番低いと見られる（**表11-1**）ことが、7島の中で最も遠くかつ外海的条件に位置している馬渡島の一特徴を示している。

7）診療所

　戦後、島では木造2階建て・29坪（約100㎡）および15坪（約50㎡）の医師住宅を新築し、診療開始が期待されたが、医師の手配がつかず現地医療が開始されたのは1952年からであった。そして、3年間念願の現地医療が行われたが、55年6月に至り、医師の都合がつかなくなり、閉鎖を余儀なくされた[12]。

　その後どうなったかは不明だが、『離島統計年報』によると1970年以降今日まで医師1名が常駐している。そして、現在では佐賀県内高校出身の自治医科大学卒業の20歳代の若き研修医が2年サイクルで本島の診療所の所長として派遣されてくる仕組みとなっている[13]。

8）商店

　島内には2015年現在、商店が4つある。それぞれの違いは、商品の違いと客の違いのようである。A商店には酒類はないが、衣類、食品（野菜・牛乳・魚・乾物・菓子）、文具・上履きと、ほとんどの種類の商品が置いてあり、商品数は島内最多のようである。また、ヤクルトの配達も行っている。担い手は世帯主妻と後継者妻の2人である。B商店は、酒類と食品（野菜・果物・醤油・砂糖・乾物・菓子）が中心である。高齢女性1人が店番をしている。C酒店は名前の通り酒類を中心に、その他、野菜以外の生鮮食料品、菓子、醤油および日用雑貨を置いている。他方、D商店は牛乳の配達のみを行っている。

3．漁業問題

（1）歴史的概観―その変遷と背景―

　馬渡島周辺は古くからイワシの好漁場であり、そのことは江戸宝暦17（1763）年に唐津藩に転封してきた水野忠任が干鰯（ほしか）を専売品としたことが漁民の反発を招き、その後の明和8（1771）年の虹の松原一揆の際には漁民からは干鰯の専売を解除する要求が出され、農民の諸要求とともに認められた経緯からも推測される。そのような状況下で、馬渡島においては戦後1955年までイワシ漁が盛んであった。その中で、昭和初期から巾着網によるカタクチイワシ漁が開始され、最盛期は1939～55年までであったという。当時、宮の本集落の中山庄太郎氏と丹野弥一郎氏[14]がそれぞれ率いる2統の網元があった。中山氏は商店経営によって、丹野氏は動力船での運搬業による蓄積を元手にこれらの網元を運営していたという。

　そして、1つの網元において島内外からそれぞれ30人ほどの網子が雇われており、遠くは鹿児島からの出稼ぎ者もいたという。

　その後、1953年に島内21人の共同出資による共同経営のカタクチイワシ巾着網漁労体（共勢丸グループ）が立ち上げられ、馬渡島では3統の巾着網漁

表11-2 馬渡島における地区別の漁業内容の特徴

地区	本村	新村	
漁業種類	宮の本	野中	二タ松
イカ釣り	4人	1人	2人
さわら釣り	9隻（12人）	1隻（1人）	5隻（5人）
海士	11隻（15人）	—	—
延縄船団	3隻（5人）	8隻（15人）	16隻（24人）
	↓	↓	
	近海の釣り・海士漁業	遠洋の延縄漁業	

資料：鎮西町漁業協同組合馬渡支所（現玄海漁業協同組合）での聞き取り（2011年2月）より。

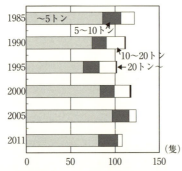

図11-3 馬渡島のトン数別漁船数の変化

資料：『離島統計年報』日本離島センター。
注：漁船は地元漁船。図11-4も同様。

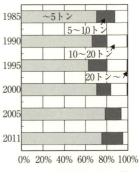

図11-4 馬渡島のトン数別漁船数の割合の変化

資料：図11-3に同じ。

労体によるカタクチイワシ漁が行われた。しかし、次第にカタクチイワシの水揚量が減少したため、55年にはこれら3統とも巾着網漁を中止した[15]。

以後、馬渡島の漁業の中心は個人経営のイカ・タイ・ブリの一本釣りにシフトしていった[16]。この頃の様子を、笹本寅氏が『鎮西町史』に収録された紀行文に「この数年来、イワシがとれなくなって、沿岸漁業がダメになってからは、非常に不景気になった」[17]と書き残している。

そのような中で、本村（「宮の本」集落）は島近海での沿岸漁業を、他方新村（「野中」・「二タ松」・「冬牧」集落）は五島・対馬・壱岐などでの沖合漁業を行うようになった。また、1966年から大型船で黄海・東シナ海方面ま

で行く遠洋フグ延縄漁が開始された。当時、本村・新村それぞれ2統の遠洋フグ延縄船があったという(18)。このような中で、それまで農業との兼業（半農半漁）であった漁業は専業化していった。その後、遠洋漁業の中心的な担い手は新村となり、現在では**表11-2**のように、馬渡島の漁業形態は、サワラ釣りや海士漁等の沿岸漁業中心の本村のそれと、フグおよびアカムツ延縄漁という遠洋漁業中心の新村のそれというように地域的に分化（特化）してきている。

（2）漁業の種類

表11-3に馬渡島の漁業種類別の経営体数の推移を示した。表から本島の漁業として、かつてはイカ等の釣り漁に関わる経営体が多かったことが分かるが、現在では、主要な漁業種類として、はえなわ（延縄）と採貝・採藻（海士）と海面養殖の3つを挙げることができる。その中で、延縄経営体数が最も多い点が本島の特徴と言える。1経営体当たりの漁獲金額が他の玄海諸島と比べて格段に高い（**表11-4**参照）のはこれによる。以下、これらの漁業種類の概要を見てみたい。

表11-3　営んだ漁業種類別経営体数の推移（馬渡島）

(単位：経営体)

年次	経営体数		網			釣り		はえなわ	採貝	採藻	海面養殖	その他の漁業
	延数	実数	小型底びき	敷き	刺し	いか	その他				かき類以外の貝類	
1973	215	92	1	2	8	70	65	**18**	23	6		22
1978	157	85	1	1	4	67	41	**11**	20			12
1983	195	96		1	6	74	45	**25**	18	8		18
1988	138	80		1	4	53	28	**24**	14			14
1993	128	79		1	4	54	30	**26**	12			2
1998	127	72		1	7	45	31	**30**	12			1
2003	113	68		1	4	34	16	**32**	12	2		12
2008	105	66		1	3	17	22	**29**	17		15	1
2013	63	51				9	10	**29**	13			2

資料：漁業センサス。

1）潜水（海士）漁

本島にはかつては海士は存在せず、本土の名護屋浜（鎮西町）の海士が島

周辺に入漁していたが、1993年の鎮西町内6漁協の合併に伴って、各地区の地区民に地先での採捕の優先権が与えられたことと、水中めがねの改良や潜水服の普及によって、馬渡島でも潜水漁に従事する者がでてきた[19]。そして、2011年時点では表11-2のように馬渡島にも15人の海士がいた。なお、彼等はすべて「宮の本」集落の出身者である。

2）延縄漁

　大正末頃からフグの延縄漁が起こった[20]。昭和初期には日帰りで馬渡島西側から長崎県の的山大島や生月島の沖で操業し、フグは生簀に入れておき、2～3日ごとにまとめて船で5時間ほど掛けて博多に持って行ったという[21]。

　戦後は遠く黄海や済州島沖、東シナ海まで出漁するようになった。1983年頃は、五島沖などにおいて年間操業を行っていた。

　こうして戦後は、「次第に遠洋で操業するようになり、一時期は19トン型の大型船も多く見られたが、その後、漁業協定の影響などで近海での操業が中心となり、船も小型化している」[22]。たとえば、1975年頃は19トン級の大型船が10数隻あったが、2004年度にはフグ延縄船26隻のうち、19トン級の船は4隻に減り[23]、さらに2011年では同船27隻中19トン級船は3隻にまでに減った[24]。先の図11-3はそのことを裏付けている。

3）一口アワビ養殖

　島の東側の漁港内で2011年現在、「宮の本」の4人、「二タ松」の4人および「野中」の1人がそれぞれ国の離島漁業再生交付金事業の支援も得て、2001年設立の玄海栽培漁業協会から稚貝を購入して一口アワビの養殖を試みていた。

（3）漁業の展開と経済的内容

　図11-5に見るように、馬渡島漁業の最大漁種は魚類であり、次いで海士に

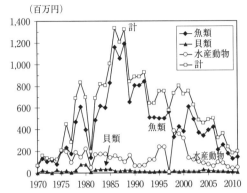

図11-5　漁業種類別の水産物水揚額の推移（馬渡島・属人）

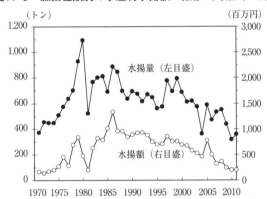

図11-6　水産物の水揚量と水揚額の推移（馬渡島・属人）

よる水産動物である。そして、近年はとりわけ魚類の水揚額の減少が目立つ。

　図11-5で水揚額の減少傾向を見たが、**図11-6**のように、水揚量も減少してきていることから、水揚量の減少が水揚額の減少の要因の１つと見られる。

　次いで、**図11-7**において１漁業経営体当たりでは、時期別に変化が見られる。すなわち、1970年代には水揚量も水揚額も急増した。その後2000年頃までの20年間も、水揚量も水揚額もむしろ増加傾向を示していた。しかし、2000年頃からはともに減少傾向に転じた。

　なお**表11-2**で見たように、延縄漁など漁業経営体の規模が大きくなると１漁業経営体の中に複数の漁業世帯が含まれるため、１漁業世帯当たりでも水

194 第Ⅲ部 玄海諸島の諸相

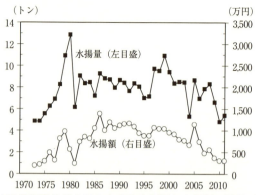

図11-7 1漁業経営体当たりの水産物水揚量と水揚額の推移（馬渡島・属人）

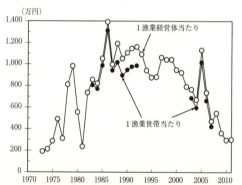

図11-8 1漁業経営体当たりおよび1漁業世帯当たりの水産物水揚額の推移（馬渡島・属人）

揚額を見てみる必要がある。そこで、**図11-8**にこの点を示した。図から1漁業経営体の水揚額は1985年頃以降、1,000万円を超えた年も少なくなかったが、1漁業世帯ではほとんど1,000万円を下回っていた。そして、2000年以降は、両者とも激減傾向を示している。

ただし、**表11-4**に示したセンサスのデータからは2008、2013年の販売金額のモード層は500～1,000万円層になっている。

（4）今後の展望

かなり前から玄海諸島7島とも全体的にその周辺海域の漁業環境の悪化が

表11-4 販売金額別漁業経営体数の推移（馬渡島）

（単位：経営体、万円）

		経営体総数	100万円未満	100～300	300～500	500～1,000	1,000～2,000	2,000～5,000	5,000万円～1億円	1～10億円	1経営体平均漁獲金額
玄海海区	1973	2,202	1,139	997		22	37			7	
	1988	1,564	300	796		272	102	58	23	13	
	1993	1,372	231	641		262	130	77	22	9	
	1998	1,174	174	585		243	78	74	11	9	
	2003	1,048	195	568		174	57	37	10	7	
	2008	905	196	222	208	191	41	26	17	3	
	2013	793	197	246	169	118	23	31	6	1	
馬渡島	1973	92	64	25		1	2			1	
	1988	80	12	38		14	5	7	3	1	
	1993	79	8	32		12	15	10		1	
	1998	72	6	26		17	9	13		1	1,165
	2003	68	6	25		22	10	4		1	918
	2008	66	13	10	9	18	11	3	1	1	
	2013	51	4	5	9	23	6	4			

資料：漁業センサス集落カード。

指摘されていた。合わせて、外部者による密漁や海士自身による乱獲も指摘されていたように、水揚量減少の要因は複雑多岐にわたる。

　これまで佐賀県内では有明海における養殖業と玄界灘における漁船漁業（採捕漁業）という2つのタイプの漁業が行われてきたが、全国的・全世界的に漁業が「捕る漁業」から「育てる漁業」にシフトするなかで、採捕漁業中心だった玄界灘の漁業も、環境悪化に伴う天然物の減少傾向の中で、「育てる漁業」の採用とそのシェア拡大が求められている。

　その足がかりとして一口アワビ養殖の成功が重要性を持つという位置付けで取り組んでいく必要があろう。合わせて、一口アワビのみならず養殖適正を持つ魚種の発見・拡大も必要である。

4．農業問題

　紀行文（笹本寅「馬渡遊記」）に1962年頃は島内で牛と鶏の鳴き声が聞こえたことが記されている[25]。**表11-5**でも、1960年に役肉牛が102頭と鶏が1,151羽いたことが確認される。また、1960年には第2種兼業農家が中心ではあるが、農家が179戸も存在し、水田14haにおいて稲作が行われ、さらに

表 11-5 馬渡島の農業の推移

	農家戸数（戸）				経営耕地面積（ha）			作物収穫面積（ha）						
	専業	1兼	2兼	計	田	畑	果樹園	米	麦類	雑穀	芋類	豆類	野菜	工芸作物
1957	…	…	…	174	14.0	55.0	-	14.0	4.0	1.0	25.8	-	16.8	0.1
1960	1	40	138	179	14.0	64.5	0.1	14.0	46.0	12.0	52.0	12.6	9.6	6.1
1968	26	-	-	158	13.8	52.2	0.2							
1970	22	23	98	143	14.0	30.0	5.9	12.0	12.0	0.0	22.8	0.4	5.0	0.7
1971														
1972														
1973														
1974														
1975	30	11	91	132	13.0	21.6	14.0	3.0	3.5	0.0	14.3	0.0	4.5	0.3
1976														
1977														
1978														
1979														
1980	9	10	96	115	2.6	12.4	20.0	1.0	0.8	0.0	8.5	0.5	1.6	0.0
1981														
1982														
1983														
1984														
1985	15	3	78	96	3.0	12.3	12.7	0.7	0.4	0.0	8.3	0.5	1.4	0.0
1986														
1987														
1988														
1989														
1990	6	1	19	26	0.8	5.0	0.0	0.7	-	-	1.4	0.0	0.0	-
1991														
1992														
1993														
1994														
1995	4	3	13	20	0.8	2.5	-	0.7	-	-	0.5	-	0.0	-
1996														
1997														
1998														
1999														
2000	-	1	-	1	0.6	0.9	-	0.4	-	-	-	-	-	-
2001														
2002														
2003														
2004														
2005	…	…	…	…	…	…	…	…	…	…	…	…	…	…
2006														
2007														
2008														
2009														

資料：『鎮西町史』鎮西町、1962年、『1960年世界農林業センサス結果報告〔2〕農家調査集落編』佐賀県、1961年、『離島統計年報』日本離島センター、農業センサス集落カード。
注：1）0.0は1未満、－および空欄は該当なし、…は項目なし。
　　2）2010年以降は該当値なしのため表出省略。

役肉用牛飼養戸数	家畜飼養頭羽数（頭、羽）				農畜産物生産額（百万円）									
	役肉用牛	豚	めん羊	鶏	米	麦	芋	豆・雑穀	野菜	果実	工芸作物	牛	その他	計
60	102	5	4	1,151										
76	129				6.1		3.3		2.8	0.6	0.4	13.0	1.4	27.6
					1.1		2.7		2.4	2.0	0.7	6.2	1.2	16.3
75	132				1.5		2.0		1.9	2.5	0.8	5.9	1.1	15.7
58	68				2.0		1.8		1.8	4.5	1.2	14.4	1.3	27.0
46	63				10.1		14.3		59.0	10.8	0.8	11.3	18.0	124.3
42	60				10.0		7.0		20.0	12.0	10.0	5.6	20.0	84.6
	65				10.9	1.8	3.0	1.0	15.0	26.0		11.2	21.6	90.5
	69				6.9	2.1	3.0	0.4	4.0	28.8		5.1	2.7	53.0
	69				6.9	2.1	3.0	0.4	4.0	15.0		6.5	2.7	40.6
	95				2.2	0.9	27.3	0.3	2.7	26.2	0.1	6.3	0.0	66.0
25	78				2.2	0.9	27.3	0.3	2.7	26.2	0.1	6.3	0.0	66.0
	56				3.3	0.3	15.3		3.7	15.5		6.7	0.0	44.8
	25					0.5	15.7		3.7	15.9		7.6	0.0	43.4
	25					0.3	15.8		3.2	16.2		5.4	0.0	40.9
	20					0.4	15.9		3.3	16.0		4.8	0.0	40.4
12	33				1.0		8.0		1.0			5.0	1.0	16.0
	9				1.0		8.0			21.0		4.0		34.0
	9				1.0		9.6			12.0		4.0		26.6
	9				1.0		9.6			12.0		4.0		26.6
	9				1.0		8.6					4.0		13.6
2	10				1.5		2.7		1.0			2.5		7.7
	10				1.5		2.7		1.0			2.5		7.7
	9				1.0		2.0		1.0			2.0		6.0
	9				1.0		2.0		1.0			2.0		6.0
	7				1.0		2.0		1.0			1.4		5.4
1	7											1.4		1.4
	7											1.4		1.4
	9											1.4		1.4
	5											1.9		2.5
	5				0.3							2.3		2.6
1	5											0.3		0.3
	5											1.4		1.4
	5											1.5	0.3	1.8
	10				0.6		0.1					2.0	0.3	3.0
	10											2.4	0.5	2.9
...	10											2.4	0.5	2.9
	9											2.8	0.4	3.2
	10											2.8	0.4	3.2
	5											1.1	0.4	1.5
	5												0.4	0.4

畑は約65haあり、芋・麦を中心に、その他豆類・雑穀・野菜類および工芸作物（葉たばこ）の栽培が行われ、畑作主体の農業が行われていたことが分かる。なお、このとき、畑作の中心である芋類なかでも甘藷の多くは肉用（繁殖）牛の飼料として利用され、畑作と畜産は結びついていた。そして、このような農業のあり方は基本的に稲作減反が始まる1970年までは存続していた。

しかし、1970年からの稲作減反によって稲作は急減した。それに対し、畑作に関わる肉用（繁殖）牛飼養と野菜作と果樹作は堅実に展開してきた。

（1）肉用（繁殖）牛飼養

馬渡島には古くから畑作や運搬用として役牛がいたが、1970年代以降の機械化とともに役牛が肉牛に転用され、特に農業構造改善事業を利用して68年に50頭の和牛が導入されたため、島の肉牛の頭数が増大した。そして、地区別に和牛改良組合が結成され、68年頃から整備された島内の3カ所の共同牧場を利用して肉用牛繁殖経営が行われてきた。しかし、その後、漁業の展開による畜産労働の不足化、飼料費の高騰、島外への輸送コストの負担等を理由に、畜産農家は減少し、最後まで残った宮の本のNさんが2009年に止めたことによって馬渡島の肉牛飼養は消滅した。

（2）野菜作

1970年代にはニンニクやツワなどの野菜作が盛んで、一時島の農産物販売額のトップになったこともあったが、その後急減し、自給的・小規模・家庭菜園的なものになった。しかし、今日でも高齢者や女性を中心に自給的な野菜作は維持されている。

（3）果樹（夏みかん）作[26]

馬渡島は土壌条件が夏みかんに適していると言われ、ミカンブームの1960年代に栽培が開始され、69年には県の奨励と補助金支援によって更に10戸が栽培に加わり、島の夏みかん栽培は拡大した。**表11-5**では1980年には栽培面

積が20haに達している。しかしその後、夏みかん栽培面積は激減し、1990年には統計上は消滅している。今日では島内に採取放棄園が散見され、また栽培が続けられていても自給的な性格に縮小してきている。

こうして現在は、**表11-5**に見るように、2000年以降センサス定義の農家は消滅し、また上述のように肉用牛飼養が2009年に消滅し、合わせて上記のNさんが同年に稲作も止めたため、2009年以降は島から稲作もなくなった。

ただし、現在でも実際は、野菜を栽培し島内の施設に販売している世帯（女性）もあり、また少なくない高齢者等が自給的に野菜やいも類を栽培している。これらは確かにもはや「農業」ではないかもしれないが、「作物生産」あるいは「作物栽培」が広く行われていることを忘れてはならない。それは、何度も述べたように、これらが多様な意義を持っているからである。

5．鳥獣被害対策

上述の作物の持続的な栽培を可能とする条件として鳥獣被害対策が必要である。目下、馬渡島で鳥獣被害をもたらしている主な鳥獣種類はヤギとイノシシとヒヨドリ等の野鳥である。ヤギとイノシシの対策としては目下、地域一丸となって駆除が行われているが、馬渡島は山深いため、自然的限界・制約がある。また、捕獲者の少数化と高齢化という社会的制約もある。

そこで、上述の農業（作物生産）再生や後述の特産物開発とも関わって、長期的・本格的な対策として国の法律を利用した畑周辺へのワイヤメッシュの敷設の検討を提案したい。

本土でのワイヤメッシュの敷設は中山間地域等直接支払制度や農地・水・環境保全向上対策事業を利用したものが多いが、それを行うには農業振興法の農業振興地域の指定が前提となる。しかし、唐津市内の玄海諸島7島には農業振興地域は存在しないため、これらの事業の適用は不可能である。そこで、これらとは別の支援方策が必要となる。

そこで、可能なのが平成20（2008）年開始の国の鳥獣被害防止特別措置法

の支援である。なお、本法の実施には関係市町村での鳥獣被害防止計画の策定が条件となるが、唐津市は平成20（2008）年2月に本計画を制定しているため、適用可能である。

ただし、本法は3年間の時限立法のため平成22（2010）年度をもって終了したが、現場からの継続要望によって平成23年度も予算措置がなされている。

なお、本法を利用した類似の島での1つの事例として、福岡市の能古島では平成22（2010）年度に27km、39ha、63戸においてワイヤメッシュ敷設を実施した。事業費負担は国が2分の1、市が4分の1、農家が4分の1であった[27]。

合わせて、馬渡島ではヒヨドリ等の野鳥の被害も多いと聞く。したがって、防護方法としてはワイヤメッシュだけでなく鳥網も併用する必要がある。

6．特産物開発

すでに女性グループ（「夢工房」）が多様な食品加工を行っているが、目下その主要な販売先は島民である。今後は島外に向けての商品販売や商品開発が求められる。その際の視点・方向性は、本島原産の柑橘「げんこう」（元寇）の特産化やヤギ・イノシシ肉の加工食品の開発販売である。そして、2015年開始の唐津市七山の農産物直売所での玄海諸島共同での特産物販売はそれらの市場拡大の契機となりうる。

7．高齢者問題

（1）年齢別人口構成の変化—超高齢化—

2005年の本島の高齢化率は29％（市平均は23％）で7島の中では松島（26％）に次いで低かった。しかし、2010年では高齢化率が32％に上昇し確実に超高齢社会に入っている。そのような中で、高齢者の自主的活動として老人会と公共サービス事業としてのディサービス等の概況をメモしておく。

表 11-6　馬渡島における年齢階層別・性別人口割合の推移

種類	性別	2005年	2010年
年少人口	男	25.0	17.5
	女	15.9	12.3
	計	21.1	15.1
生産年齢人口	男	50.7	55.1
	女	48.6	49.8
	計	49.8	52.6
老年人口	男	24.3	27.4
	女	35.5	37.9
	計	29.1	32.3

資料：国勢調査。

（2）高齢者任意組織（老人会）

　会員は宮の本集落出身者のみで組織され、女性36人、男性14人だが月1回の例会には男性は来ないという。月例会は4人ずつ順番で世話をし、役員会の報告や茶会をしている。また、月例会の前に集会所周辺の清掃や草むしりをする。その他、春秋2回の清掃や草むしり、月2回の空き缶・ゴミ拾い、月1回の独居老人宅への見回りをしている(28)。なお、著者らは戸別訪問調査の際に多くの女性高齢者から月例会は交流の場として楽しいという意見を

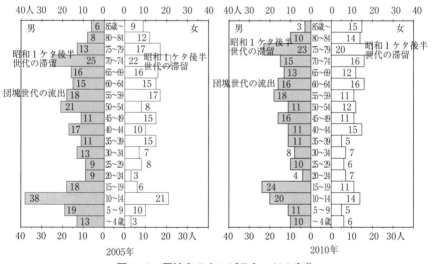

図11-9　馬渡島の人口ピラミッドの変化

資料：国勢調査。

聞いた。この点から本組織は高齢者にとって重要な組織であると感じた。

(3) ディサービス事業

　唐津市社会福祉協議会鎮西支所が65歳以上の申請者を対象に2003年から行っている。現在対象者は13人で70代と90代が各1人、それ以外の大半の者は80代である。内容は、週2回、月・木の正午から5時までの5時間、宮の本集落内の「老人憩いの家」にて女性ヘルパー（宮の本2人、野中1人）の指導のもとで、血圧・体温等の健康チェック、入浴、会話、ゲームなどを行っている[29]。

(4) 高齢者世帯の訪問

　上記のヘルパーの1人がディサービスのない日に2人の高齢者等の戸別訪問を行っている。すなわち、火曜日と金曜日の午後1時間ほどのAさん宅訪問および水曜日午後1時間ほどのBさん宅訪問である。それぞれ生活一般の支援および買い物・掃除等身の回りの支援を行っている[30]。

8．学校教育―児童・生徒数の激減―

　まず、注目されるのは1958～59年の児童・生徒数の激増であろう。これは、それまで新村の児童・生徒を対象にして運営されてきたカトリック学校である「海の星学園」が閉鎖され、58年に中学部生徒65人が、引き続き59年に小学部児童174人がそれぞれ馬渡中・小学校に移ったためである[31]。なお、「海の星学園」については以下で述べる。

　次いで注目されるのは、その後の一貫した児童・生徒数の激減傾向である。なかでも、小学生（児童）数の坂を滑り落ちるような減少傾向である。なお、1990年代における小学生数の持ち直しについても注目されるが、その要因は目下不明である。

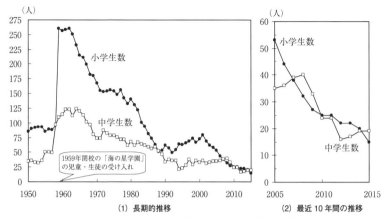

図11-10　馬渡小中学校の児童・生徒数の推移

資料：馬渡小中学校資料。

（1）カトリック学校「海の星学園」

　日本でも希な事例として、馬渡島内では1946〜59年に公立の小中学校（馬渡小中学校）とは別に私学のカトリック学校「海の里学園」が創立・運営されていた。本件に関しては管見の限り片岡瑠美子氏の論稿[32]以上に詳細な研究を知らないため、本項では片岡氏の論稿に依拠して簡単にまとめておく。

　「海の星学園」の特徴は、カトリック教会運営であったこと、馬渡島の新村においてそこの小学校児童と中学校生徒を対象にした教会と信徒（新村住民）の並々ならぬ決意・支援によって行われた教育活動であったことなどである。

　本項で確認しておきたいことは、まず、なぜこのような希な教育的な取組が馬渡島で行い得たのか、その背景ないし要因である。

　片岡氏は2〜3の背景・要因を挙げている。1つは、島内におけるもう1つの古くからの仏教徒の集落（宮の本）とカトリックの村（新村）との間の空間的・歴史的棲み分けの形成、2つは、米軍司令部との関係、3つは漁業の良好な展開である。

　合わせてもう1つ確認しておきたい点は、学園の閉鎖の要因である。片岡

氏は上述の開園の背景として上げた漁業の良好な展開に対する1950年代以降の漁業の不振を指摘している。

本項ではこの点を上記の1933〜55年のカタクチイワシ漁の衰退を思い起こし、合わせてこの点が学園の閉鎖のみならず後述のブラジル移民をも進める背景でもあったことを確認しておきたい。

なお、中学部が廃止され彼らが馬渡中学校に移った年（1958年）に、それまで12年間校長の職にあった木村神父は移民宣教師としてブラジルに渡った。そして、この年は新村から12世帯・93人というこれまでで最多の人数のブラジル移民が出た年でもあったのである。

こうして、漁業の盛衰と「海の星学園」の展開とブラジル移民は一連の社会的連鎖現象として位置付けられる。

(2) 幼稚園と児童養護施設

1) カトリック幼稚園

上述の小中学校の動向とは異なり、幼稚園はもともとカトリック系の本幼稚園のみが設立・運営されてきており、本村の集落の子どもたちも本幼稚園に通っている。図11-11に園児数の推移を示したが、1995年以降の減少傾向

図11-11 馬渡島カトリック幼稚園の園児数の推移

資料：『離島統計年報』日本離島センター、馬渡島カトリック幼稚園資料。

は上述の小中学校の児童・生徒数の動向を規定している。たしかに、全体的に激減傾向を示しているが、2005年以降の近年の10年間は減少傾向が持ち直しつつあり、少ないながらも島の青年の結婚と幼児の出産によって島の活気が保持されている点を見逃してはならない。それ以外に、後述の児童養護施設からの幼児の通園も無視できない。

2）児童養護施設―聖母園―

　1913年にカトリック協会のプルトン神父が島内に児童養護施設を開設した。当時は「愛苦会」と称し、島の出身者だけで組織され、孤児を収容し、農業もしていた。1959年には長崎に本部がある「聖母の騎士修道会」に合併された。1962年頃の陣容は、修道女11人と県から委託された31人（うち男子8人）の養護児童であった。なお、11人の修道女の仕事の分担は4人が児童の指導、7人が農業であった[33]。

　2010年度は、園長、指導員（シスター）13人、事務員2人、厨房関係3人の体制のもと、幼児3人、小学生8人、中学生3人、高校生12人を受け入れていた[34]。

　なお、本園の幼児は上記「カトリック幼稚園」の園児でもあり、また小中学生は上記の馬渡小中学校の児童・生徒でもあり、高校生は島外の高校に通う高校生である。

9．ブラジル移民

　カトリック教徒は「進取の気性に富み、また経済的理由もあって、早くから海外移住を行ってきた」[35]。とくに、大正12～13（1923～24）年には8家族38人がブラジルに渡り、その後、現地においては一時期18家族94人の「馬渡村」を作るなどして、その後に続く移住が期待されたが、まもなく戦時となり移住は一旦下火となった[36]。

　そして、戦後「昭和28・29（1953・54）年頃から再びブラジルへの移民が

盛んになり、30年代の半ばまで行われた」(37)。なお「この期間に移住して行った人々の記録は完全な形では残っていないため、人数その他の細かなことはつかめない」(38)が、分かっている範囲では、1955年に1世帯・5人、58年には12世帯・93人、59年には3世帯・26人、そして60年には1世帯・8人が移住し、この5年間でも計17世帯・132人にのぼる。なお、移住者はすべて新村出身者であったことが特徴である。

さて、新村からこれだけの移住者が出た要因が問題となろう。

まず第1は、上記の『町史』にもある経済的理由である。それは同じく『町史』に「三反以下の耕作者が移っているようです」(39)とあるように、農地の狭隘性であった。1960年に新村に田は3.9543町（野中2.2826町、二タ松1.6717町）しかなく、畑は46.7735町（野中22.862町、二タ松23.9115町）あったが1戸当たり平均では0.4176町（野中0.401町、二タ松0.4348町）で、まさに「4反百姓」だったわけである。1960年当時、作付面積が1町を超える作物としては麦類が30.5825町（野中15.972町、二タ松14.6105町）、かんしょが36.7038町（野中18.5628町、二タ松18.141町）、野菜類が5.262町（野中2.1218町、二タ松3.1402町）(40)あったが、かんしょと麦類の大半を占める大麦・裸麦のかなりの部分は牛のえさとなったため、当時新村の人たちは麦とかんしょを主食とする自給的な生活を送っていたと推測される。このような厳しい生活がブラジル移民の経済的基礎要件となったと考えられる。

また、当時の新村の主な生業は半農半漁であり、漁業の比重も決して低くなく、むしろ現金収入の大半は漁業であったと推測される。その漁業の主な内容は上述のようにカタクチイワシ漁であった。そして、このカタクチイワシ漁の最盛期は1939～55年であり、55年にはそれまであったカタクチイワシ巾着網3統が中止されたことに示されるように、50年代半ばは漁業不振であったことが分かる。50年代後半に移民が激増したのはこの漁業不振によるものに他ならないと思われる。

第2は、人口圧力・人口増加である。なお、これには新村がカトリックの村であることの要因も大きい。それは丙午の1941年に新村の出生率が前の年

よりも上昇したことにも示されている。

そして第3は、カトリックによる気鋭のフロンティア精神であったと考えられる。ただし、以上の新村側のプッシュ要因だけでなく、移民が古く大正時代から始まり、ブラジルに「馬渡村」まで形成してきたため、受け入れ態勢ができていたという現地側のプル要因も見過ごせなく、現に移住者数が最も多かったと見られる「昭和33年の多くの移民が呼び寄せ移民である」[(41)]と言われている。

10. 観光対策―総合対策―

　馬渡島への観光客は主に釣り客とカトリック教会の見学客と見られる。他方、宿泊者数はカトリックに興味を持つ観光客や少し遠方の「離島」を経験することを目的とする島旅客、あるいは島の魚介類の食事を求めるリピーター、さらには行政関係者や土木仕事関係者などではないかと推測される。したがって、馬渡島への観光客や宿泊者を増やすには、まずカトリック教会やカトリックに関わる歴史の存在を広く全国的にアピールすることであるが、後者の点での受け入れ態勢は整っていない状況にある。そのためには、合併唐津市の広域的な観点から、観光協会等の支援を得て、また島の歴史を知る

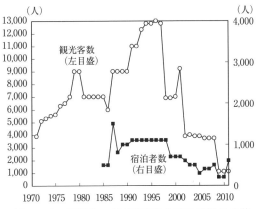

図11-12　馬渡島への観光客数と宿泊者数の推移

島の高齢者と協力して、小中学校関係者等がそれに取り組む余地があると考えられる。そして、このことは高齢者が出番と元気を取り戻し、子どもたちや教諭が地元の歴史を知ってますます地元を愛し、将来地元に戻る人を増やすことにもつながると思われる。

11. むすび

　今日の馬渡島の社会の基礎構造は戦後1950年代に形成された。それは江戸期から昭和戦前期までの新村への入植・開拓・定着期を経て、戦後高度経済成長期までの一大変動・再編期に現在の島社会の原型が形成され、その後はそれを基礎に新たな展開が模索されていると見られるからである。そして、その基底には島の漁業の盛衰が存在したと考えられる。すなわち、1946～59年のカトリック学校「海の星学園」の創立・運営の背景に1939～55年のカタクチイワシ巾着網漁の興隆があり、引き続くブラジル移民の増加は1950年代半ば以降の漁業不振を契機にしていたと理解されるからである。また、山羊の野生化を中心とする今日に至る鳥獣害発生の要因にもこの辺の事情が関わっていたからでもある。

　その後は農業における肉用牛や甘夏柑への取組や漁業における遠洋志向によって半農半漁の展開を見せた。しかし、21世紀に入り、農業の消滅と生業の漁業へのシフトが進み、あわせて少子超高齢社会を迎え、いま馬渡島は新たな環境変化に直面した社会形成を模索している。

　さて現在、求められているのは産業の振興と生活の充実化であろう。

　漁業振興では遠洋漁業の安定化と港内養殖の定着および後継者の確保が重要であり、2010年度からの離島漁業再生交付金を契機とした港内養殖の定着と花嫁対策も活用しつつ、独自の対応も必要と考えられる。総じて漁業は独自の振興ビジョンが求められていると感じる。観光的漁業の模索も必要と考えられる。

　農業は米作と肉用牛繁殖が消滅して「作物生産」に縮小したが、このよう

な野菜・芋類の生産自体は交通の不便な離島における自給的生産として重要であるが、のみならず多少なりとも島内でも聖母園の給食への供給も見られるし、今後は地産地消を再確認しての学校給食への供給の可能性もなきにしもあらずと言える。さらに、本島原産の柑橘「げんこう」の掘り起こしと島内外販売の可能性もある。その際の前提条件として山羊等の鳥獣被害対策が不可欠となるため、行政に独自対応を求めていく必要がある。

　生活面ではディサービスや在宅サービスおよび診療所利用といった公的支援とあわせて、高齢者がより元気になるために、高齢者独自の多様なグループ活動の推進が必要であろう。

　教育関係では教育熱心な教諭と連携した、本島にしかできない、郷土の自然と歴史を愛する人材育成を目指す教育が可能であると感じた。この場面でも島を経験的によく知る中高年者の出番がある。

【注】
（1）鎮西町史編纂委員会『鎮西町史』（以下、『旧町史』）、鎮西町、1962年、129頁。
（2）『旧町史』、130頁。
（3）『旧町史』、131頁。
（4）今里悟之『農山漁村の〈空間分類〉』京都大学学術出版会、2006年、212頁。
（5）『旧町史』、271頁。
（6）日本離島センター『離島振興要覧』1968年。
（7）『旧町史』、275頁。
（8）2010年6月20日、山本消防団長よりの聞き取り。
（9）『旧町史』、269頁。
（10）上掲『離島振興要覧』、301頁。
（11）松尾和男編『馬渡島』関西学院大学地理研究会、1974年、297頁。
（12）『旧町史』、217頁。
（13）2011年1月25日、馬渡島診療所長よりの聞き取り。
（14）上掲『馬渡島』247頁では丹野八一氏となっているが、その孫の方からの御教示（2013年6月）で弥一郎氏と訂正した。
（15）以上、前掲『馬渡島』、247〜248頁。
（16）新版鎮西町史編纂委員会『新版鎮西町史（下巻）』（以下、『新町史』）、唐津市、2006年、493頁。
（17）『旧町史』、273頁。

(18) 上掲『馬渡島』、244頁。
(19)『新町史』、445頁。
(20)『新町史』、425頁。
(21)『新町史』、459頁。
(22)『新町史』、427頁。
(23)『新町史』、460頁。
(24) 2011年1月26日、鎮西漁協馬渡支所での聞き取り。
(25)『旧町史』、269～284頁。
(26) 上掲『馬渡島』を参照。
(27) 2011年6月、福岡市役所農業振興課園芸係よりの聞き取り。
(28) 2010年3月18日、老人会長キヨ子さんよりの聞き取り。
(29)(30) 2011年1月27日、ヘルパーの堤さんよりの聞き取り。
(31) 片岡瑠美子「馬渡島のカトリック学校「海の星学園」」『純心人文研究』第9号、2003年、111頁。
(32) 上掲片岡論文、97～120頁。
(33)『旧町史』、276頁。
(34) 2011年1月27日、園長よりの聞き取り。
(35)『旧町史』、133頁。
(36)『旧町史』、133頁。
(37) 上掲『馬渡島』、215頁。
(38) 上掲『馬渡島』、218頁。
(39) 当時の郵便局長・浦丸政彦氏の言（『旧町史』、272頁）。
(40) 以上の数値は佐賀県『1960年世界農林業センサス結果報告〔2〕農家調査集落編』1961年による。
(41) 上掲『馬渡島』、219頁。

第12章

向島

定期船「向島(むくしま)丸」から振り返り見る向島

山中の狭い畑にも熱心に芋・野菜が栽培されている

要約

　向島は玄海諸島7島中、面積が最小で、人口は6番目だが最少の松島の55人より5人多いだけの60人（2015年11月1日住民基本台帳）の小島である。また、向島は産業別就業者数割合でほとんどが漁業であり、玄海諸島7島の中で最も漁業割合が高い島でもある（図5-6）。と言うより、中学校閉校、小学校分校休校後は唯一、漁業世帯のみの島となっている。なお、生活の基礎条件である電気、上下水道は比較的早い時期に完備され、この限りでは、都会と基本的に変わりがない条件が出来上がっている。また、住居は1世帯で親世代と後継者世代がそれぞれ2階建1軒を保有している。しかし、交通条件と診療所関係においては大きなハンディを抱えている。

　向島の産業は、かつては半農半漁と言われながらも、自給的性格が強い中で、むしろ「イモ・ムギ」の農業が主体（農主漁従）であった。しかしその後、海士漁の発展に伴い、海士漁を主体とする漁業の比重が増し、農業は「販売なし」の小規模で家庭菜園的なものに縮小し、統計上「農家」は消滅した。

　今日の向島の漁業は、水揚量の激減、水揚額の伸び悩みのもとで、海士漁資源の放流による栽培漁業という性格を強めてきている。また、磯焼けの発生が確認され、将来不安が高まっている。さらに、向島の漁業世帯には一時期20代～30代の後継者のUターンが数人見られ活気が見られたが、近年ではその半数が他出し、後継者難が明白となった。

　そのこととも関連して、島の中学校は2010年3月で閉校となり、合わせて小学校は分校となり、引き続き小学校分校は2012年3月に休校となった。

　以上の漁業資源・経営問題と、青年漁業者（漁業後継者）の未婚問題と、中学校閉校・小学校休校という三重苦に如何に対応するのかが、いま向島社会が抱えている主要な問題と考えられる。

　そこで、本章では、これらのトリレンマの実態を把握し、それに対する提言を示した。

1．はじめに―課題―

　玄海諸島の7つの島々を中心に、福岡県北の「筑前諸島」から長崎県の「平戸諸島」までの玄界灘に広く浮かぶ島々の多くに共通する特徴は、漁業従事者率や専業漁家率が高く、漁業を基盤としていることであると言われる[1]。たしかに、全体的な特徴付けとしてはその通りだと感じるが、しかし、**図5-6**で見たように、玄海諸島の中でも漁業以外の産業割合の高い島も出現してきている。また、人口規模を見ても、300人台の小川島、神集島、馬渡島と、200人台の高島と、100人台の加唐島と、100人未満の向島、松島との間では大きな差が存在するし、漁業形態や宗教・文化にも少なからずの差が見られたため、さらなる類型化を行いながら詳細に見ていく必要がある。

　そのような観点から、本章は向島の現状と将来展望を明らかにすることを課題とする。考察の方法は、統計分析と島民世帯悉皆調査であり、考察の視点は島民生活の持続性に置いている。

　向島の歴史は比較的新しく、集落が形成されたのは江戸・文禄・慶長以降と言われる。それ以来、島の台地を中心とする畑で採れた裸麦・甘藷・豆類を主食とし、周囲の海からの海藻・貝類・魚類を加えて、まさに半農半漁（農主漁従）による自給的な生活が営まれてきた。また、本島は佐賀県北西端の冬季は波荒き玄界灘に浮かぶ孤島であるため、江戸期には軽犯罪者の流刑地ともなっていた。こうして、本島は近海島嶼でありながらも、基本的には戦後の1960年頃までは、まさにミクロコスモス（小宇宙）を形成してきたと言うことができる。

　しかし、その後のわが国の高度成長はこのような本島の長年の自給自足的な小集落（ミクロコスモス）の生業と社会を激変させた。本章は、その変化と現状を探ることを課題とする。

2．向島の今

(1) 位置と人口・世帯数―玄海諸島の中で面積が最小の佐賀県西端の小島―

向島は唐津市（佐賀県）の7つの島（玄海諸島）の中で面積が最も小さく、二番目・三番目に小さい高島と松島のそれぞれ半分程度の、面積30ha、周囲4kmの極めて小さな島である。また、7つの島の中で最も長崎県に近く、南西方向1km先に長崎県の鷹島が迫り、また北東方向には玄海町にある九州電力の原子力発電所が目前に見える。

図12-1　向島の地形図

資料：国土地理院2万5千分の1地形図「星賀」の一部を原寸大で転記。

人口は松島より少し多いが、1980年代後半の140人台から減少を続け2004年以降は100人を切り、2015年11月1日の住民基本台帳では60人となっている。

図12-2で1996年に世帯数が12戸、人口が14人増加したのは、住民登録のオンライン化に伴って、それまで別枠扱いされてきた向島小中学校の教職員数が計上されるようになったことによる台帳操作の変更の影響である。したがって、95年までの数値には学校教職員は除かれていたが、96年以降のものにはそれが含まれることになり、86年以降の数値は文字通り全島民の数値となったわけである。

さて、漁業世帯数はこれまで長い間20世帯台を維持してきており、むしろ持続的に推移してきた点が注目される。その要因の1つは、これまで漁業世帯は基本的に長男が継ぎ、長男以外は島外に移住する習慣があったからである。

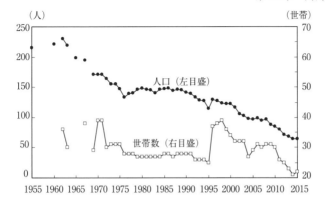

図12-2 人口と世帯数の推移（向島）

資料：『全国離島人口総覧〔改訂版〕』全国離島振興協議会、1983年、『離島振興要覧』および『離島統計年報』日本離島センター、各年版、および唐津市ホームページ。
注：4月1日現在の住民基本台帳の数値。他の6つの玄海諸島の人口・世帯数推移グラフも同様。

（2）島民の年齢構成

次いで表12-1に島民の性別・年齢別人口構成を示した。2010年で女性の老年人口割合が50％を超えたが、2014年には元に戻っており、特別高齢化が進んでいるわけではない。むしろ、向島は生産年齢人口の割合が高いのが特徴である。しかし、それは年少人口割合が低いための結果であり、将来の担い手であるこの年代層の割合が低いという厳しさを見るべきである。

そして、その点は図12-3の2010年、および図12-4の2014年の最新年の状況からも確認される。なかでも、若年女性の少なさが、より厳しい現実を示している。

表12-1 向島における年齢階層別・性別人口割合の推移

種類	性別	2005年	2010年	2014年
年少人口	男	8.5	0.0	0
	女	7.0	3.0	3.8
	計	7.8	1.4	1.8
生産年齢人口	男	70.2	76.9	64.5
	女	53.5	45.5	48.4
	計	62.2	62.5	61.4
老年人口	男	21.3	23.1	35.5
	女	39.5	**51.5**	38.5
	計	30.0	36.1	36.8

資料：2005年と2010年は国勢調査、2014年は聞き取り調査。

216　第Ⅲ部　玄海諸島の諸相

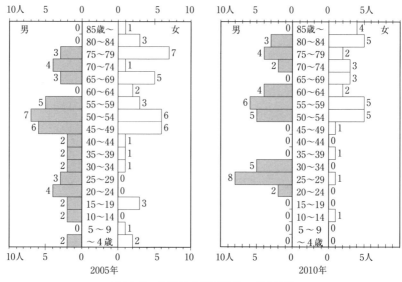

図12-3　向島の人口ピラミッドの変化

資料：国勢調査。

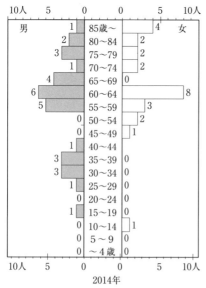

図12-4　向島の2014年の人口ピラミッド

資料：2014年9月島民世帯調査。

（3）訪問調査結果

　2014年9月初旬に島民世帯悉皆調査を実施した。結果は男31人、女26人、計57人であったが、これは2014年9月1日現在の唐津市の住民基本台帳の向島分の人口男35人、女38人、計63人よりも手堅い実際の姿を把握できたと感じている。それは、住民票を島に置いたまま離島したり、本土の施設等に入所したりした人を島民人口から除いたためである。

　さて、**表12-2**は世帯主の職業を

表 12-2　向島の世帯類型と世帯員数（2014年9月現在）

世帯類型		世帯数	世帯員数	備考
漁業世帯		18	54	
	夫婦で漁業	9	25	
	夫婦と後継者の計3人で漁業	2	7	
	世帯主と後継者で漁業	2	9	
	世帯主1人で漁業	5	13	
	うち独居老人	1	1	78歳
民宿経営世帯		1	2	
独居老人		1	1	86歳
計		20	57	

資料：島民世帯悉皆調査。

指標にした世帯類型を示したものである。表から向島の特徴は、ほとんどが現役の漁業世帯であるという点である。このことは、すでに本書のいくつかの図表において、向島が玄海諸島の中で最も漁業就業者数の割合が高い点にも現れている。表中の民宿経営世帯や独居老人世帯も数年前までは現役の漁業世帯であった。また、表中の漁業世帯の中にも民宿を経営している世帯が1軒ある。さらに、表にも示したが、現役の漁業世帯の中にも「独居老人」世帯が1軒ある。ところで、世帯主の職業を指標にした類型は、第Ⅰ部で述べたように北部九州の島々の産業の中心が漁業であるという前提条件の上で有効な世帯類型であるということを忘れてはならず、その意味でこの類型はあくまでも一局面にすぎないという限定付きのものであることに注意が必要である。上述の世帯類型の中にも重複があり実態は複雑であることはそのことを示している。

　少々脇道にそれたが、この点は先の第10章の松島の場合も同様であった。

　次いで、2014年時点の調査結果を人口ピラミッドに示したのが**図12-4**である。図から20代～30代の男性は7人ほど確認できるが、それに対してこの年代の女性が皆無である点が他の島、特に人口が同規模の松島とも異なった向島の特徴と言える。この点の詳細については、以下の関連するところで述べたい。

（4）産業の特徴―7島中、漁業就業者割合が最大で、漁業に特化した島―

　向島の産業構造上の最大の特徴は、既に第5章の図5-6で見たように、就業者数において漁業の占める割合が玄海諸島7島の中で最も高く、しかも7割以上というように特別に高いことである。すなわち、向島は漁業にきわめて特化した島であると言うことができる。

　また、同じ図5-6で、2010年時点では「教育学習支援業」の割合が2割強あったことも注目される。これは10名前後の向島小中学校の教職員の存在であり、人口が絶対的に少ない向島の中で相対的に大きな部分を占める結果となっていたためである。しかし、その後の相次ぐ小中学校の休校・閉校で2012年以降、教職員は全て離島していなくなったため、向島はほとんどが漁業者と高齢者の島となった。

（5）紹介本に描かれた向島像

　全国の全ての有人島を回ったという木本修次氏の著書[2]に向島の「学校磯」への言及があるが、その中身については残念ながらほとんど触れられていない。さて学校磯とは、第2次世界大戦直後の1946年に、町財政逼迫のため学校運営費の一部を島民が負担するという条件で島内に町立向島小中学校が建設されたが、その際の経費捻出方法が「学校磯」の取組であった。島の南東部の一部を「学校磯」とし、そこで児童・生徒の父兄である漁師の協力の下で教職員と児童・生徒がウニ、ワカメ、ヒジキ等の海産物を採捕し、それを販売して学校運営費の一部に充てるというものであった。なお、この活動は、単に金銭的に収入を得るということだけでなく、体験学習の意味も持っていたことは言うまでもない。

　その後、港湾工事で学校磯の面積は縮小したが、そこでの海産物採捕は現在でも続けられており、近年でも年間数万円の収入を得ていたという[3]。しかし、これも小中学校の休校・閉校で終止符が打たれた。

　また、第4章でも触れたが、2012年3月の小学校（唐津市立入野小学校向

第12章　向島　　219

島分校）休校前1年間の6年生1人を中心とした島の人々の生活全般を描いた担任の秋山忠嗣教諭のノンフィクション小説[4]が、小学校休校という象徴的な事柄を対象にした小規模島嶼社会の実態の一面をリアルに示しており、玄海諸島研究の一助となるものである。

(6) インフラの整備

　離島振興法適用による全額補助事業として防波堤が1968年にはじめて完成した。

　電気については、1950年の自家発電装置の設置によって島内の全世帯に電灯が灯り、またラジオを聞く家も現れたが、当時はまだ通電が1日夕方4時間に限られていたため、石油ランプとの併用を余儀なくされた。しかし、電灯開始は画期的出来事であり、この年には映写会も行われた。その後69年に九州電力（株）の海底ケーブルが開通し、以後、電気の全面的使用が可能となった。

　上水道については、1970年に島内の小河川河口部への浄水場の設置によって公共化が開始されたが、その後その河川上部のダムと台地上の新浄水場の設置によって整備が進んだ。

　他方、下水道については、1996年に玄海諸島7島の中のモデル事業として下水処理場が設置され、水洗化が実現した。

　こうして、7島の中では比較的早い時期にインフラの整備と高度化が行われ、この面では都市部と基本的に変わらない生活条件が整備されている[5]。そして、これらの点は後述の入り客数増加の1つの基礎的な条件となっている。

　定期船は郵便物も運ぶため、今でも郵便船と呼ばれている。戦後直後は偶数日に運行していたが、その後しばらくは1日2往復となっていた。そして、小学校分校の休校に伴う中学生の通学の必要性と島民の増便要求を背景に2012年から1日3往復となった。これは画期的な事柄として注目したい。すなわち、2012年までは年間を通じて、本土（星賀港）発は11:00と16:30、島（向

表 12-3　向島におけるインフラ整備の進展状況

年次	定期船の就航の推移					水道利用人口（人）		し尿処理方法	
	1日当たり就航回数（往復）	事業者名	船舶名とトン数	就航率		簡易水道	井戸	水洗化人口	非水洗化人口（自家処理）
1968	1				0	195			
1969						流湧水			
1970							171		
1971					171				
1972					167				
1973	2		向島丸 4.5		155				
1974	2		向島丸 4.5		155				
1975	2		向島丸 4		147				
1976	2		向島丸 3.5		133				
1977	2		向島丸 4		139				
1978	2		向島丸 9		140				140
1979	2	樋口佐予吉	向島丸 9		146				146
1980	2	樋口佐予吉	向島丸 9		148				148
1981	2	樋口佐予吉	向島丸 9		146				146
1982	2	樋口佐予吉	向島丸 9		145				145
1983	2	樋口佐予吉	向島丸 9		140				140
1984	2	樋口佐予吉	向島丸 9		146				146
1985	2	樋口佐予吉	向島丸 9		147				147
1986	2	樋口佐予吉	向島丸 9		148				148
1987	2	樋口佐予吉	向島丸 9		144				144
1988	2	樋口佐予吉	向島丸 9		146				146
1989	2	樋口佐予吉	向島丸 9		145				145
1990	2	樋口佐予吉	向島丸 9		141				141
1991	2	樋口佐予吉	向島丸 9		139				139
1992	2	樋口佐予吉	向島丸 9		133				133
1993	2	樋口佐予吉	向島丸 9		128				128
1994	2	樋口佐予吉	向島丸 9		127				127
1995	2	樋口佐予吉	向島丸 9		115				115
1996	2	樋口佐予吉	向島丸 9		129				129
1997	2	樋口佐予吉	向島丸 9		127				127
1998	2	樋口佐予吉	向島丸 9		124				124
1999	2	樋口勝	向島丸 9		123				123
2000	2	樋口勝	向島丸 9		123			123	
2001	2	樋口勝	向島丸 9	99.7	117			117	
2002	2	樋口勝	向島丸 9	99.2	106			106	
2003	2	樋口勝	向島丸 9	99.0	103			103	
2004	2	樋口勝	向島丸 9	98.8	98			98	
2005	2	樋口勝	向島丸 12	98.8	97			97	
2006	2	樋口勝	向島丸 12	98.3	99			99	
2007	2	樋口勝	向島丸 12	98.7	95			95	
2008	2	樋口勝	向島丸 12	98.8	97			97	
2009	2	樋口勝	向島丸 12	98.7	88			88	
2010	2	樋口勝	向島丸 12	98.7	85			85	
2011	2	樋口勝	向島丸 12	97.9	80			80	
2012	2	樋口勝	向島丸 12	97.5	74			74	
2013	3	樋口勝	向島丸 12						
2014	3	樋口勝	向島丸 12						
2015		樋口勝	向島丸 12						

資料：『離島統計年報』日本離島センター、および定期船船長からの聞き取り調査。
注：1日当たり就航回数は平日のものである。

島港）発は7:15と16:00の2便のみであったが、2012年以降はこれに昼間の1往復便が増え利便性が高まったからである。

（7）診療室

　かつて本島民には疾患が多かったため、切望されていた診療所開設（公民館経営）が1948年に実現した。当時は週2回、6～8時と17～20時に玄海町の吉田病院の院長の来診が行われていた[6]。

　しかし、現在は高齢者センター内に診療室が設置され、市の委託により月2回、木曜日に本土（肥前町星賀）の医院の医者がチャーター便で来島して派遣診療にあたっている。診療室を訪ねるのは特定の顔ぶれの高齢者が中心であるという。

（8）宗教と葬儀

　島民の先祖の多くは玄海町からの移住者と言われ[7]、出身地とのつながりから浄土宗寺院の檀家となっている世帯が2～3戸あるが、その他は浄土真宗の寺院の檀家となっているという。かつて葬儀は自宅で行われ、台地上の墓地群の一角に埋葬（土葬に）されたが[8]、現在では本土の葬儀場で行われ茶毘に付される。

3．向島の産業史―農業主体の半農半漁から漁業専業へ―

（1）農業―イモ・ムギ農業から家庭菜園的野菜・果樹栽培へ―

　1960年農業センサスによると向島には農家が23戸（全て兼業農家）あり、水田は50aほどしかなかったが、畑は約10haあり、裸麦9.3ha、甘藷5.8haが作られた一方で、稲は50a、野菜類は26a程度しか栽培されなかった。聞き取りによると、当時、夏場は島の台地を中心とした畑約10haに甘藷や豆類が作付けされ、また冬場には裸麦が全面的に作付けされ、畑で二毛作栽培が行われていたという。まさに「イモ・ムギ」農業という実態にあった。また、

1960年農業センサスによると、12戸が役牛を12頭、15戸が鶏80羽を飼っていた。機械類はなかった。なお、センサスでは全て販売なしとなっている。

　向島では教職員世帯以外は全て漁業世帯であり、漁業世帯数はもともと20数戸であったから[9]、農家が23戸ということは、漁業世帯のほとんどが農業も営んでいたということを意味し、高度経済成長期初期までは向島のほとんどの漁業世帯は半農半漁世帯であったと見られる。そして、1960年頃でも農家（半農半漁＝農漁家）の半数はまだ牛を飼っており、耕耘・運搬に使っていたのである。

　農業センサスで1960年に農産物の販売はなかったとされているように、当時の農業は自給的なものに縮小してきたと推測される。しかし、聞き取り調査によると、高度成長期以前は、漁業よりもむしろ農業の比重のほうが大きく、半農半漁と言っても「農主漁従」[10]という実態であり、農家は平均的に50aほどの畑を持ち、裸麦はほとんど自給に回し、甘藷は温暖な本島の適作物として収量も高く、少なからず販売もしていたようである。あるいは、甘藷は島原半島との間でソーメンや味噌と物々交換もしたという。こうして、甘藷は経済的にも重要な作物であり、競技会も行われ、優良者は表彰された。また、甘藷は自らの食料としても重要であった。米も盆・正月以外は単独ではなく麦飯として食べられた[11]。

　他方、後述のように、1960年代以降漁業の中身が魚釣りや網・縄漁から海士漁に変化し、その後海士漁がますます盛んになってくるに伴い、農業のほうは絶対的にも相対的にも縮小し、また農業の中身も「イモ・ムギ」から野菜類に変化し、今や農業はきわめて小規模で家庭菜園程度の自給的野菜や果樹の栽培に縮小してきており、農業センサスで把握している「農家」は1970年以降消滅した。したがって、農業センサスからはもはや農業の情報は得られない。

　しかし、日本離島センター『離島統計年報』からは2005年でも畑と樹園地がそれぞれ1haほど存在し、**表12-5**のように豆・雑穀、野菜、果実が栽培されていることを確認することができる。たしかに**表12-4**のように1960年当

表12-4　向島の農業の推移

(単位：戸、a、頭、羽)

	農家戸数(戸)		経営耕地面積 (a)			耕作放棄地面積 (a)	保有山林面積 (a)	作物収穫面積 (a)						飼養農家戸数		飼養頭羽数	
	計	2兼	田	畑				米	麦類	芋	雑穀	豆類	野菜類	役肉用牛	鶏	役肉用牛	鶏
1960	23	23	50	999			333	50	933	584			26	12	15	12	80
1970	21	21	6	808		...	369	6	122	45							
1971																	
1972																	
1973																	
1974																	
1975	4	4		36		-	na			13		9	14				
1976																	
1977																	
1978																	
1979																	
1980	4	4		33		167	na			13	3		17				
1981																	
1982																	
1983																	
1984																	
1985	4	4		33													

資料：『1960年世界農林業センサス結果報告〔2〕農家調査集落編』佐賀県、1961年、農業センサス集落カード、日本離島センター『離島統計年報』。
注：1990年センサス以降は農業集落消滅として調査なしのため1986年以降は表出省略。

時の畑面積10haと比べると、そのほとんどが放棄されたとは言え、いまだ1haほどではあるが自給的な作物の栽培に利用されていることは島民生活上重要な事柄と言える。また、1960年農業センサスでは樹園地は捕えられていなかったが、実際は**表12-5**のように、柿やミカン類の果樹栽培も行われてきていたのである。なお、このような畑作や果樹作の主な担い手は今昔とも中高年婦人である。そして、今でも島の傾斜地や台地上を歩くと黙々と畑仕事をしている彼女らに会うことができる。このような様子を見ることによって、島の静かな息づかいを感じることができる。

なお、かつてイモ・ムギ栽培が盛んだった頃は、島の台地上のかなりの場所が畑となってまとまって存在していたため、とくに冬の季節風によってこれらの畑作物が吹き飛ばされることも少なくなかったと聞く。しかし、現在では、畑の大半が放棄されて藪化したため、現在も存在する1ha程度の畑や果樹園は藪化した林の中に点在して残された形となり、周りの野藪化した林地が防風林の役目を果たすようになったため、畑作物が季節風に吹き飛ば

表 12-5　作物別農産物生産額の推移（向島）

(単位：戸、a、頭、羽、百万円)

	麦	芋	豆類	野菜	果実	その他	計
1970		1.0		0.5		1.2	2.7
1971		0.7				0.9	1.6
1972		0.5				0.8	1.3
1973				0.3	0.2		0.5
1974				0.2	0.1		0.3
1975				0.3			0.3
1976				0.1			0.1
1977	0.3	0.1	0.4	0.1			0.9
1978		0.3	0.3	0.2			0.8
1979		0.2	0.1	0.1			0.4
1980		0.1		0.4			0.5
1981		0.1		0.5			0.6
1982		0.1	0.1	0.3	0.1		0.6
1983		0.1	0.1	0.3	0.1		0.6
1984		0.1	0.1	0.4	0.1		0.7
1985			0.1	0.1	0.1		0.3
1987				0.1			0.1
1988				0.1			0.1
1989				0.1			0.1
1990				0.1			0.1
1991			0.1	0.2	0.1		0.4
1992			0.1	0.2	0.1		0.4
1993			0.1	0.3	0.1		0.5
1994			0.1	0.3	0.1		0.5
1995			0.1	0.3	0.1		0.5
1996			0.1	0.3	0.1		0.5
1997			0.1	0.3	0.1		0.5
1998			0.1	0.3	0.1		0.5
1999			0.1	0.3	0.1		0.5
2000			0.1	0.3	0.1		0.5
2001			0.1	0.2	0.1		0.4
2002			0.1	0.2	0.1		0.4
2003			0.1	0.2	0.1		0.4
2004			0.1	0.2	0.1		0.4
2005			0.1	0.2	0.1		0.4

資料：『離島統計年報』日本離島センター。
注：1986年はデータなし。2006年以降は該当値なしのため表出省略。

されることはなくなった。

　また、向島にはイノシシはいなくなったと聞く。本土や他の玄海諸島ではイノシシ害が増加している中で、向島での畑作は防護柵を作る必要もなく、この意味でも良好な環境を保持しており、注目に値する。

　こうして、自給的生産とは言え、また極めて狭小とは言え、残された畑や果樹園は良好な条件を保っており、利用価値が高い。これらの「もったいない」資源を将来とも有効に利用していくことを考えるべきではなかろうか。

（2）漁業

　向島における最初の主要な生業は農業であり、漁業はむしろ農業に付随するものとして展開してきた。しかし、1970年代以降、日本全体における米生産過剰や食料消費構造の変化に伴うイモ・ムギ農業の衰退のもとで、向島のイモ・ムギ農業も衰退した。それに対し、他方の漁業においては中心的な中身がそれまでの魚釣りや網・縄漁から海士漁に変化し、海士漁が盛んになったため[12]、それ以降、海士漁を主体とする漁業が向島の漁業世帯の中心的なものとなり、向島は海士漁中心の漁業だけの島となったのである。

　さてここで、向島の漁業の中心が釣り・網・縄漁から海士漁にシフトしてきた契機について、古川侃さん（79歳・2009年）と小林俊二さん（50歳・同年）の話を総合して紹介したい。侃さんによると、1960年頃までは向島の漁業は刺網などを主体としており、上述のように漁業よりもむしろ農業のほうが島の生業の中心であったと言う。以前からウニ・アワビ・サザエも捕ってはいたが、本格的な素潜り漁は行っていなかったと言う。そのような状況下で、1960年頃に山口県の業者が向島の近海を1週間ほど借り受けて素潜り漁を行い、アカウニ・ムラサキウニを捕って高く販売した。それを知って、まず小林久さん（小林俊二さんの父親・故人）が冬場に北目（きため）と呼ばれる島北部の地先に褌一本で素潜りをしてアワビ・サザエを捕ったと言う。寒さのため1時間ほど潜っては浜で奥さんが火を炊いて待っており、体を温めてもう1回海に入ったが、素潜りは寒さのため1日2回ほどが限度だった。したがって、小林さんのまねをして素潜りをする人はその後10年間はいなかった。ところが、10年ほど経ってウェットスーツが開発販売され、小林さんがそれを使って、寒さ対策として効果が得られたため、こぞって皆がウェットスーツでの海士漁を始めたことが、向島において海士漁が本格的に開始されたきっかけだったと言う。

4．向島の漁業

(1) 歴史推移

表12-6のように漁業センサスでは向島の漁業種類別経営体数の内訳は1998年以降しか分からないが、主要な漁業は釣りと採貝・採藻（海士・海女）であったと見られる。一方、図12-5において水揚額で種類の内訳を見ると、おおむね2000年頃までは魚類が一番多かったが、2000年代前半は水産動物（海

表 12-6 営んだ漁業種類別経営体数の推移（向島）

（単位：経営体）

年次	経営体数 延数	経営体数 実数	刺し網	釣り いか	釣り その他	はえなわ	採貝・採藻	その他の漁業
1983		25						
1988		26						
1993		21						
1998	47	21	13	1	14			19
2003	48	19	9		18	3		18
2008	63	19	4		18	7	17	17
2013	67	19			33		17	17

資料：漁業センサス集落カード。

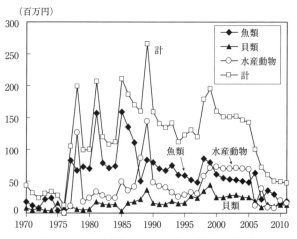

図12-5　漁業種類別の水揚額の推移（向島）

士・海女)、そしてその後は両者がほぼ同じくらいとなっており、現在は釣り漁と海士・海女漁（素潜り漁）の両方が行われていることが分かる。

　このことを改めて上記の2氏のインタビューから整理すると、向島の漁業の中心はかつて魚類（1本釣りと巾着網漁など）であったが、1980年代後半以降その水揚額が減少しつづけ、他方でウニ・アワビ・サザエ等（海士漁）の水揚額が増加したため、今日では海士漁を中心に合わせて釣り・網・縄漁も行うものへとその中身が変化した。なお、冬場は海士漁が禁漁となるため、釣り・網・縄漁が行われ、夏場は主に海士漁が行われるというように、これら2つの漁業種類は季節的に分かれて行われている。

（2）近年の水揚量と水揚額の推移

　まず、島全体の水揚量と水揚額の推移を示したのが**図12-6**である。図から、これまでの両者のピークは1990年前後にあり、その後は2005年頃まで減少し、それ以降さらに著しく減少し、2011年頃には水揚量はピーク時の3割ほどに、水揚額はピーク時の25％ほどになった。

　他方、1経営体当たりの水揚量と水揚額の推移も基本的に同様であり、水揚量は1993年がピーク、水揚額は1989年がピークであり、その後はともに減少傾向を示し、とくに2005年以降の減少が著しかった。そして、最新年の2011年では水揚量はピーク年の3分の1程度、水揚額もピーク年の3分の1程度に激減した（**図12-7**）。

　2009年の我々の漁業世帯調査において、「魚もウニ・アワビも10年前の3分の2程度になっている」という多くの回答を得たが、統計もそのことを基本的に裏付けている。

　ただし、**表12-7**の漁業センサス結果における販売額階層別の推移では、モード層が2008年の300～500万円層から2013年には500～1,000万円層に上昇しており、一定の盛り返し傾向を見て取ることもできる。

　いずれにしても、近年の向島漁業を取り巻く経済環境の激変振りを確認することができる。

228　第Ⅲ部　玄海諸島の諸相

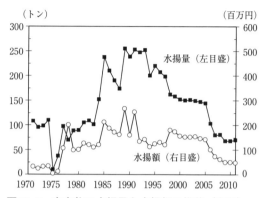

図12-6　水産物の水揚量と水揚額の推移（向島）

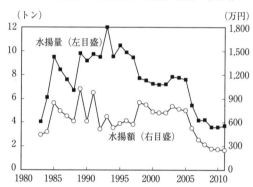

図12-7　1漁業経営体当たりの水産物の水揚量と水揚額の推移（向島）

表12-7　販売金額別漁業経営体数の推移（向島）

(単位：経営体、万円)

		経営体総数	100万円未満	100〜300	300〜500	500〜1,000	1,000〜2,000	2,000〜5,000	5,000万円〜1億円	1〜10億円	1経営体平均漁獲金額
玄海海区	1973	2,202	1,139	997		22	37			7	
	1988	1,564	300	796		272	102	58	23	13	
	1993	1,372	231	641		262	130	77	22	9	
	1998	1,174	174	585		243	78	74	11	9	
	2003	1,048	195	568		174	57	37	10	7	
	2008	905	196	222	208	191	41	26	17	3	
	2013	793	197	**246**	169	118	23	31	6	1	
向島	1998	21	2	18		1					335
	2003	19	1	15		3					324
	2008	19	1	3	10	5					
	2013	19	2	1	2	**14**					

資料：漁業センサス集落カード。
注：向島の1973〜1993年のデータはないため非掲載。

（3）対策・対応

それに対し目下、アカウニ、バフンウニ、クロアワビ、ナマコについては国の離島漁業再生交付金を利用しての稚貝等の放流を行い、またアカウニ、バフンウニ、ナマコについては漁協肥前支所ないし向島海士部会において独自に幼生の放流を行って資源の維持に努めている。

その結果、アカウニについては多くの海士が放流の効果を認めているが、アワビについては消極的な評価をしていた。

こうして、向島の海士漁は稚貝等の放流によって栽培漁業という性格を強めている。今後とも放流の効果を確認・検証しつつ、資源保全型漁業のあり方を模索していく必要があろう。

関連して、海士漁資源の減少の要因としては口々に磯焼けが指摘された[13]。海士漁のポイントの何カ所かで磯焼け現象が出てきていると言う。原因としては、ガンガゼというウニの一種によるカジメ等の海藻の食害や密漁および自分たちの乱獲によるものではないかという回答を得た。

密漁に対しては夜間の監視をしているが効果は出ていないと言う。

磯焼け問題は全国的問題であり、関係者による調査研究が待たれる。

（4）漁業等の担い手構造─青年漁業者確保の課題─

玄海諸島のみならず日本全体において全般的に漁業就業者の高齢化と後継者難が問題となってから久しいが、向島の漁業就業者の年齢構成は目下、基本的に健全と言える。2014年でも50～60歳代が漁業従事者の中心となっているが、30代も少なくないからである（図12-4）。

さて、ひるがえって先の図12-3の人口ピラミッドを再度見て、2005年と2010年は5年差であるから、もし両年に人口移動がなかったとするならば、2005年のものの目盛りを1つ下にずらして2010年のものと比較すると、両図はおおむね重なるはずである。そこで、両図を比較してみると、多少デコボコはあるが、両図は全体としてほぼ重なっていると見てよい。

しかし、2005年の15～19歳男子2人が5年後の2010年にも2人になり、また2005年の20～24歳男子4人が、5年後の2010年には8人に増えていることから、この間に20歳代の者が4人ほど島に戻ってきたか、あるいは学校を卒業して自営漁業を行っており、その意味で20歳代の青年漁業者が増えたと推測される。それに対して、20代の女性が2005年ではいなく、2010年でも1名と、ほとんどいなくなっており、若手は男性ばかりという男女間の人数のアンバランスの実態に注意しなければならない。

以上の過去の動向を踏まえつつ、以下の叙述は、2009年の世帯悉皆調査の際に島の漁業や定期船運航にかかわっていた当時20～30歳代の青年7人の実態とその後の動向を2014年の追跡調査結果を踏まえてトレースしたものである。

Aさん（38歳・2015年現在・以下同様）は2男1女の次男で、学卒後一旦、本土の町内で数年間仕事をしていたが、長男が島外に出ることになったため、1990年代半ばに実家に戻り、後継者として漁業を始めた。それからすでに25年ほどの漁業経験を持ち、島のこの年代の後継者の中で文字通り先輩格となっている。

Bさん（37歳）は4人兄弟の長男で、唐津市内の高校を卒業して、唐津市内で12年間仕事をしていたが、2007年に島の実家に戻り、漁業の手伝いを始め、以来今日までそれを続けている。

Cさん（33歳）とDさん（31歳）は兄弟で、三男のCさんは2000年に唐津市内の高校を卒業して福岡の会社に入り、関西に派遣されて4年間仕事をしていたが、体調をこわしたため2004年に退職して島の実家に戻り、家の漁業の手伝いを始めた。なお、その時はすでに四男のDさんが唐津市内の高校を卒業するとすぐに実家に戻り両親の漁業の手伝いを始めていた。Cさんはしばらく両親と弟のDさんと4人一緒に漁業を続けていたが、将来は一家の後継者は1人でDさんが結婚後も漁業を続けていくつもりでいるため、Cさんは福岡に移ったが、盆正月・5月には帰省する。他方、Dさんは結婚後は妻の実家のある唐津市本土から島に通って両親と一緒に漁業を行う計画だと聞

く。

　Eさん（31歳）とFさん（26歳）も兄弟で、長男のEさんは唐津市内の高校を卒業して4年間福岡市の会社に勤めていたが、2006年22歳の時に実家に戻り、後継者として漁業と定期船運行の手伝いを始め、今日に至る。また、三男のFさんは唐津市内の高校を卒業して、唐津市内で仕事をしていたが、辞めて一旦実家に戻り次の仕事を探しながら当時は父と兄と一緒に実家の漁業と定期船運行を手伝っていた。そしてその後、仕事を見付けて唐津市本土に出て行った。代わって、すでに唐津市本土で働いていた二男のGさん（29）が本土からの通いで定期船の運航の手伝いに来ている。

　Hさん（25歳）は一人息子で、唐津市内の高校を卒業してすぐに実家の後継者として漁業の手伝いを始めた。しかし、結婚に際し、妻が本土で共働きをしたいということで、2013年に福岡市に他出した。

　また、以上の7青年に加えて、2009年には学生だったIさん（19歳）がその後学校修了後自家漁業を継ぐこととなった点も忘れてはならない。

　さて、以上のHさんの事例から漁業に偏重した島では結婚に際して相方（妻）の仕事を島内で確保することの困難性が改めて指摘できるが、同時にDさんやGさんのように島外から通いで漁業等を行う方法も不可能ではないことも判明し、漁業の継承や継続においても、誰が継ぐかということだけでなく、どこに住むか、妻はいかなる職業を選ぶかといった多様なスタイルの可能性を模索していくことが必要である。合わせて、それを押し進めるために、島内でどのような対応が可能かといった点の検討も不可欠である。

5．ブルーツーリズムの可能性

　図12-8には現れなかったが、向島は玄海諸島の中で長崎県寄りに立地した目立たない小島である割には一定数の観光客が来ていることに注目する必要がある。島に来る観光客の主な目的は、純粋無垢の静かできれいな小島での魚釣りと民宿でくつろぎ新鮮で豊富な魚料理を食べることである。

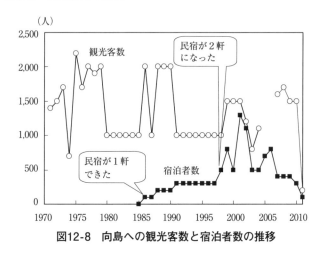

図12-8 向島への観光客数と宿泊者数の推移

　これら以外にも、高台に目立つ灯台の見学などの島内散策をする客もいないわけではないが、見学対象とそこへの案内標識が必ずしも観光客本意に整備されていないし、これらの観光資源を活かすという島民意識も必ずしも高いとは思われないため、せっかくの観光資源がまだ眠っていると言わざるを得ない。

　したがって、これらの観光資源を活かすならば、魚釣りと魚料理の堪能目的以外にも観光目的を増やす可能性は少なくない。そうすれば、これらの目的が相互依存的に高めあって観光客数は増えると考えられる。

6．学校の閉校・休校問題

　2008年末の向島小中学校訪問時、児童・生徒は小学3年生と中学2年生の各1人、計2人であった。そして翌々（2010）年春に中学生が卒業して中学生がいなくなったため中学校は閉校となり、中学生担当の少なくない教諭たちは島を去り、関係教員住宅は閉鎖された。その結果、それまでの向島の世帯数は漁家20戸、教員世帯9戸、計29戸だったが、一挙に漁家20戸のみに減少した。そして、同年4月には小学校は5年生1人がいたが分校に変わって

教諭は担任の1人のみとなった。その教諭が実は上述の小説の筆者の秋山忠嗣先生であった。その翌々（2012）年春には小学6年生が卒業し小学生がいなくなったため、分校は休校となった。

これらの経緯について、Jさん（55歳・2008年時点）は、もし小学生を島外に通わせるようなことになると、親子ともども島外（本土）に移住することにもなりかねず、離島を促す要因となると言う。また、学校がない島となると、子弟の教育という面からも、島外からの伴侶の確保にもマイナス要因となり、結婚問題が深刻さを増す。そのことによって子供の出産も難しくなる。そうなると、ますます小学校の継続条件が遠のくと語っていた。

以上から、分校が閉校でなく休校となった要因としては、松島の経緯も踏まえつつ、直接は、小島嶼の向島でも、目下はたしかに不明だが将来も島内でも小学生を受け入れられる教育施設を準備しているという島民の意思表示である。そして、このことでもって人口減少を止める心の歯止めとしているものとして受け止めたい。

しかし、秋山教諭が担任した小学生は2012年4月に中学生となってからは、すでに中学校は閉校となっていたため、本土の中学校に3年間、船で通学す

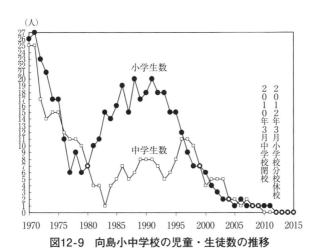

図12-9　向島小中学校の児童・生徒数の推移

資料：『離島統計年報』日本離島センター、向島小中学校資料。

ることとなった。これもたいへんなことであったと推測される。

7．提言

　以上の漁業資源・経営問題と、青年漁業者（漁業後継者）の未婚問題と、中学校閉校・小学校分校休校という三重苦に如何に対応するかが、いま向島社会が抱えている基本問題と考えられる。そこで、これらの問題に関する事柄を中心に思い当たる提言（コメント）を追加して本章を閉じたい。

（1）漁業資源・経営対策

1）海士漁資源の維持管理

　海士漁資源の危機に対しては、漁場の改善と海士漁資源の育成の2つの側面からの対応が求められる。前者については、磯焼け等による漁場環境悪化に対し、原因解明と改善策が求められるが、そのためには研究者と漁師・漁業協同組合と行政といった関係者間の連携・協力が必要であると考えられる。後者に対しては、現在行われている離島漁業再生事業や漁協・海士組合での稚魚放流等による栽培漁業の成果を検証しつつ、行政の支援を含めた対応が必要と考えられる。

2）他の海士・海女漁地区との交流・連携

　磯焼け等の漁場環境悪化は向島だけの問題ではなく、かなり一般的な問題であるため、同じような環境異変問題で悩んでいる漁業地域・地区との情報交換・連携が必要であると考えられる。とくに、海士・海女漁自体が減少してきた中では、まずは少なくとも玄海諸島（唐津市）内で海士・海女漁を行っている漁業地域・地区との情報交換・交流が求められよう。

3）釣り漁の振興

　向島の漁業は夏場の海士・海女漁と冬場の釣り漁の二本柱で成り立ってい

る。したがって、釣り漁の将来方向をどうするかがもう1つの課題となる。その場合、どのような漁種を中心とするかということと、規格外の魚の加工・販売の模索が必要と考えられる。

4）漁師集団・リーダーの育成

現在の主要な担い手である50代、60代は比較的人数が多いため、漁協と連携して、海士組合だけでなく、釣り漁の分野においても集団的な指導部のような組織をつくり、向島の漁業の将来方向を模索していってはどうだろうか。

なお、50代、60代の担い手は男女とも比較的厚い層となっているため、女性のパワーも発揮できる分野を発見していく必要もある。

(2) 青年漁業者（漁業後継者）問題

上述のように向島には20〜30代の漁業後継者が4人ほど存在する。しかし、彼らは未婚であり将来性に不安を抱えていることが問題となっている。将来展望を切り開くためには2つの壁を突破する必要があろう。1つは漁業経営の安定化である。その対応については上述したとおりだが、目下漁業の中心的メンバーである50〜60代の漁師たちと協力しながら彼ら若手もともにそのための模索を行っていく必要があろう。もう1つの面は以下のような社会的活動であろう。

1）生活スタイルの近代化

向島での生活基盤（電気・ガス・水道・水洗トイレ）は基本的に完備している。また、若者や中高年の漁師はほとんど携帯電話を使用している。さらに、幸い現在50〜60代になっている島の中心的な漁師たちが1970年代に結婚して所帯を持った折に、当時海士漁が順調に伸びていたことを背景に、多くの漁業世帯が母屋のほかにもう1つ住宅を新築し、集落のメインストリートを挟んでその両側にそれぞれ1軒ずつ住居を構えている。一方が親夫婦さらには祖父母の住まいであり、他方が後継者夫婦（当時）の住まいである。こ

うして、向島の後継者は住居面ではむしろ都市以上の良好な条件を有している。

問題は、このことを明確に将来の伴侶に宣伝しつつ、後継者やその夫婦がさらに社会的に自立できるように、休日や生活費貸与に関するルールを作ることが必要である。この点では、農業サイドの家族経営協定[14]を援用することが有効と考える。

2）「婚活」[15]

後継者が伴侶を確保するためには、まず両者が出会う機会を増やすことが重要である。その場合、2つのことを考える必要がある。

1つは、結婚はまずは本人自身が積極的に機会を見付けて行動することが基本であることから、本人にそのような自由な行動が行えるための時間を増やす必要がある。そのためにも、上述のような休日や自由時間の確保が重要となる。この問題は直接的には後継者自身やその家族の問題であるが、将来方向を左右する地域全体の問題でもあるため、島民全員が自覚的に対応していかなければならない問題である。

2つは、後継者同士が、あるいはその他の島民グループが後継者と女性の出会いの場を組織的に増やしていく必要がある。上述の離島漁業再生事業の一環として2007年以降、未婚女性との交流会を行っているが、これ以外にも下記のような自主的な交流会を開いていく必要がある。

3）公式の後継者組織の形成と行動

上述の未婚女性との交流会は補助事業の一環であり、また中堅の漁業者の主導によるものであるが、それ以外に後継者自身による「手作りの」交流会が必要と思われる。それは昔風に言うと「合ハイ（合同ハイキング）・合コン（合同コンパ）」である。そのためには、それを推進していくための公式の組織が必要となる。そこで改めて、このような任意の後継者組織を設立してはどうだろうか。と言っても、すでに実質的に後継者グループが自然発生

的にできているわけだから、それに改まって名称を付け役割分担をすることで済む。そして、この組織名でもって他の女性組織などに交流を求めていくわけである。

交流する場所としては、なんと言っても自然豊かな向島がいちばんである。その際、向島内で見せる物としては、島の自然と灯台・八坂神社・学校等の歴史的遺物および2世帯住居の存在である。島の自然と歴史的遺物の案内については、下記（3）の1）のような欠点を改善することと、自らがそれらに関する知識を得る必要がある。そのためには年長者との交流が必要となる。

小グループでも公式的な行動を行うことは社会的な人格形成にも寄与し、将来島のリーダーに育っていくことにつながる。

なお、このようなグループ活動の推進に関しては、かつての青年団や4Hクラブ（農業後継者グループ）の活動やその指導機関である農業改良普及センターの役割が参考となる。

4）島外で就業できる条件づくり

漁業を巡る状況の悪化や燃料代高騰なども考慮すると、今後は年間あるいは冬場に島外での仕事によって家計を補完していく必要が出てくるかもしれない。また、子育ての済んだ40代の女性や今後迎える青年後継者の伴侶となる若手女性の中には自家漁業以外の島外での就業を望む者も出てくるかもしれない。その場合は、彼女らが島外で仕事が出来るように定期船の時間帯を考慮していくことも必要と考える。

(3) グリーンツーリズムの推進[16]

1）散策案内の改善

「七色の島づくり事業」[17]によって各種案内板が設置されたが、観光案内板において、たとえば遊歩道が2つあるのに案内板の矢印は1つしかない。また、立岩は海上からしか見えないように言われているが実際は海岸からも見える。あるいは、ガイドブック等に載っている金山跡の場所についての案

内標識がない。さらには、灯台のところにある島周辺の案内板には他の島などの方向は示してあるが距離は書いてないといった点など、観光客に対して不親切な面が多々見受けられる。

他方、柱状節理や玉石も観光資源になる。また、海岸の磯場の亀の手（貝類）などを民宿で調理して出したらおもしろい。さらに、2009年4月に鷹島大橋が開通したため、鷹島モンゴル村（長崎県）から向島が近くに眺められるという新たな宣伝もできるのではないだろうか。

2）海士漁の歴史的・文化的資源を活かした観光化の模索

韓国チェジュ島や松島（第10章）やその他の海士・海女の多い国内の本場の海士・海女地区との交流によって伝統的で環境保全型の海士・海女文化を伝承しつつ、それを観光資源として活かしていく方向性が考えられる。

（4）良好な立地条件を活かした自給的農業の発展

野菜・果樹作の重要性についてはすでに述べた。

さらに、向島にはイノシシ、マムシ、野犬がいない。これらの条件は野菜作にとって極めて良好な環境である。1960年にはかなりの農家（＝漁家）が牛と鶏を飼っていた。野犬がいないなら、野菜作だけでなく、改めて鶏の放し飼いも可能となる。

のみならず、これらの条件は、観光客が安全に島内を散策できる好条件でもあるし、将来島外の小学生等を呼んで島内で農業体験などをするのにも極めて安全な好環境と言える。

【注】

（1）須山聡「島嶼地域の計量的地域区分」平岡昭利編著『離島研究』海青社、2003年、13頁。
（2）木本修次『小さな島の分校めぐり』ハート出版、1998年。
（3）向島小中学校校長からの聞き取りによる（2009年3月）。
（4）秋山忠嗣『最後の小学校』講談社、2012年。

（ 5 ）『東松浦肥前町向嶋小史』向島小中学校、1996年による。
（ 6 ）同上、39～40頁。
（ 7 ）同上、10頁。玄海町値賀村が母村で、向島はその植民地とも言われる。
（ 8 ）同上、54頁。
（ 9 ）『入野村誌』入野村教育會編、1933年、17頁によると、1930年でも20戸だったと記されている。
(10)『東松浦肥前町向嶋小史』向島小中学校、1996年、18頁。
(11)同上、73頁。
(12)海士漁を始めた当初は「売価は高値を呼び、努力次第ではかなりの収入が得られ、外国航路の船長以上の収入ではなかったろうか」（『東松浦肥前町向嶋小史』向島小中学校、1996年、68頁）と言われている。
(13)唐津市議会2009年 3 月定例議会での議員による「玄海地域の漁場環境は」という質問に対し、農林水産部長が「必要な藻場の減少が進行し漁業資源が減少している」と回答している（『唐津市議会だより』、10頁）。
(14)五條満義『家族経営協定の展開』筑波書房、2003年。
(15)山田昌弘・白川桃子『「婚活」時代』ディスカヴァー・トゥエンティワン、2008年。
(16)2009年 3 月15日に向島小中学校で開催した佐賀大学客員研究員・長嶋俊介鹿児島大学多島圏研究センター教授（当時）による講演会での指摘を全面的に援用させていただいた。
(17)玄海諸島 7 島を対象に2003年度から 5 年間実施された県・市による 1 億円規模の補助事業で、散策用マップ・道順案内板設置、パンフレット作成、伝承文化の勉強会実施・教本作成、ウォークラリー・交流事業、イカ釣り・磯遊び・農作業体験・交流、伝統食品などの商品化・販売事業、草花・オリーブ植栽、防波堤壁画描絵などが行われた（唐津市離島振興課（当時）資料による）。

終　章

まとめと残された課題

向島の海士の出漁

分校は2012年3月に休校になった

1．まとめと提言

（1）はじめに

　2003年度から2012年度まで施行された離島振興法では、2002年度までの法文で謳われていた「本土より隔絶する特殊事情よりくる後進性を除去」という目的達成手段を「地域における創意工夫を生かしつつ……（中略）……離島の自立的発展を促進し」と自助・自立に重点を置くように改正したが、同時に「産業基盤及び生活環境の〈整備等が他の地域に比較して低位にある状況を改善する〉」点をもその1つとして盛り込み、離島における産業・生活環境の整備が依然残された課題であることを確認した。

　そして、2013年度から施行開始された新たな離島振興法では、上述の〈　〉内の文言が「整備等に関する地域格差の是正を図り」と変更されたが、これまで同様、やはり我が国の離島の産業・生活基盤の整備・充実がいまだ依然として重要な将来課題となっているという認識を残している。

　著者も、旧法および現法で謳っているように、公共的なハード事業が一定整備された状況下で、今後は特に各島独自の資源を活かした自立的発展が求められているという認識と対応は重要であるが、合わせて、あるいはその自立的発展のためにも最低限の生活・生産環境の整備、少なくとも最低生活環境の整備が依然として必要であると考える。と言うのは、現場を見ると少なからずの離島（島嶼）において残念ながらいまだ本土並みの最低限の生活インフラ等の環境の整備が必ずしも十分とは言い切れない実態にあるからである。

　そこで、本書では佐賀県「玄海諸島」を対象に、まず第1に、最低限の生活環境水準のことをライフ・ミニマム[1]という観点から、その実態を検証していくこととした。ところで、一般的に時代とともに生活条件に関わる諸々の側面は改善されてきたため、それらは徐々にライフ・ミニマムを満たしていき、ライフ・ミニマム以下であった諸側面は減少していくはずだと考えが

ちである。しかし実際は、離島（島嶼）においては「環海性」「狭小性」「隔絶性」というその特殊条件も要因となって、いまだライフ・ミニマム以下の条件にある生活諸側面が少なからず残っていると感じたからである。

次いで第2に、島民生活の経済的基礎をなしている第一次産業、特に漁業の歴史と現状を可能な限り詳細に確認し課題を整理してみた。それは、島の将来を左右する基本的条件は島の基幹産業の展開にあると考えるからである。

（2）ライフ・ミニマムの内容と水準

1970年代に社会学者の鈴木広氏は「集落が一つの社会生活の場として存続しうるのに必要な条件として、離島集落の場合には水、医療、交通、教育、電気の五条件がある」[2]とされた。これらが当時のライフ・ミニマムということになる。しかし、その後、水は、用水面では島内水源の簡易水道化や本土等からの海底送水によって常時安定的な確保が可能となった。引き続き、下水面でもかなりの島で集落排水事業等が取り組まれて水洗化が進んだ。また、電気も自家発電や本土からの海底送電によって常時安定的に利用できるようになった。

しかし、その他の諸条件に関しては、改善されつつもいまだ不十分であったり、逆に条件が悪化してきていたりする分野も存在する。以下でまず、これらの現状を確認しておきたい。

1）交通（離島航路）

離島では、交通としては、車等の島内交通と船等による本土との間の離島航（空）路の2つのケースが存在する。前者すなわち島内における自動車道路の整備はほぼ本土並みに進んだ一方で、バス等の公共交通の運行状況は地理的・収益的・財政的関係からむしろ後退ないし廃止という状況にある。ただし、この点は離島以外でも同様であるし、現在では過疎地でも生活交通の主役はマイカーになったため、たとえマイカーを運転できない高齢者でも家族・親類に頼る等により大半は目下のところは生活交通には困っていないと

言われている⁽³⁾。しかし、高齢化の進展によって、マイカーを利用できない高齢者も増えつつある。いわば「交通難民」の出現・増加である。そこで、このような「交通難民」への地域的な対応が求められる。

また、他方の離島航（空）路の問題はそれ以上に大変である。空路はかなり大きな島に限られるため、一般的には定期船の運航状況が問題となる。もちろん、戦後これまで離島と本土との間の定期船の運航条件は基本的に改善されてきてはいる。たしかに、かつては小さい漁船で1日1回であったというような状況から出発し、その後、船も専用船化・大型化・高馬力化し、便数も増加してきている。

しかし、本土と比べてまだまだ多くの問題を残している。たとえば、人口数百人規模の小島嶼の場合、島内の商店は数軒に限られ、薬品等、島内商店では調達不可能な商品も少なくないため、そのような商品が急に必要となった場合に、島外にすぐに出掛けることには限界がある。あるいは、体調不良に対応するための行き付けの病院等への通院にも限界があるし、土日祭日・研修日や夜間など島内の医療機関が対応不可能な場合の島外通院には定期船以外の海上タクシー等の利用を余儀なくされる。ましてや、救急車は本土に着いてからの対応とならざるを得ない。

また、最終便の本土発時間は5～6時である場合が多いため、時間面で正職員としての本土への勤務は極めて困難となり、大半はパート職を余儀なくされる。同様に時間的制約から職場も本土の港に比較的近い場所に限られる。

さらに、島から船で毎日通学できる高校や専門学校も本土の港に近いところに限られるし、むしろ学校等は港の近くにはない場合が多いため、高校等への通学は下宿やアパート暮らしとならざるを得ない。そして、下宿やアパートでの暮らしには少なからずの追加費用が掛かるため、親戚や知人宅等に世話になるという形で進学高校の選択肢（地域）も狭められている実態もある。

関連して、本土への行き来には基本的に定期船が欠かせないため、通院回数の多い高齢者や定期船利用の多い島民等から定期船の運賃が嵩むことへの

不満が絶えない。定期船の運賃については生活面だけでなく、農産物の販売や資材の購入等においても定期船を利用せざるを得ないため、産業（収益）面でも島はハンディを抱えている。

2）教育（学校）

　離島を含め過疎地は我が国の少子高齢化現象の最先端地域であるため、そこでは小中学校の閉校・休校や統廃合が余儀なくされている。

　小学校の場合は、少人数になり、たとえ1名になっても、子どもの成長段階から考えて、基本的に教育的効果よりも身体や精神の保護を重視し、可能な限り目配りの効く島内の近くの学校への通学がベターであろう。もちろん、小学校の場合も、海況や定期船運航等の条件も考慮した上で、教育効果や少年クラブ等の必要性が優先された結果、「閉校＝本土への統合＝船での通学」を選択するケースもある。その点では、中学校同様ケースバイケースと言わざるを得ない。ただし、とくに小学校は教育施設であると同時に「地域の小学校」、言い換えれば上述の島のライフ・ミニマムの1つという意味合いも存在することを指摘したい。すなわち、小学校は現在の児童と保護者と教員だけの施設ではなく、運動会や諸イベントの会場としても島民全体が利用する島の共通の空間でもあり、島の共有財産（社会的共通資本）の1つであり、とくに建物の少ない小島嶼においては島外から必ず目に付く島のシンボル的存在の1つでもある。また、島で暮らすことを決心した成年男子が「あれが我が子の行く小学校だ」と将来迎えるべく若妻に告げるはずの自慢のシンボルでもある。そのためにも、生徒がいなくなっても、閉校でなく休校扱いにして潜在的に残しておく価値がある。事実、多くの島民はそのように考えており、また切実に要望している。なかでも、定期船の不便な島ほどそのような意識や要望が強い。

　この点で本書では、第12章で述べたように、向島にある入野小学校向島分校は2012年3月に最後の児童の6年生1名が中学校に進学（本土に船で通学）して児童がいなくなったために休校になったが、島内に未就学者がいない厳

しい状況の中でも閉校でなく休校扱いが可能だったのはひとえに島民からの熱望による。同様に、かつて日本の全有人島を踏査した本木修次氏が「何度も行きたい島ベスト3」[4]の1つに挙げた松島にある加唐小学校松島分校は1988年度に小学生がいなくなったため休校になったが、その後島の青年の結婚や他出家族の帰島が続いたことによって、その後子どもが増えたために96年に開校され、99年度以降は児童が10名を上回るようになった。また、関連して松島の中学生は隣の加唐島の中学校に船で通っていたが、2004～2009年度は松島から通う中学生数が中学校のある加唐島内出身者を上回るに至ったという興味深い状況すら現れた。しかし、第10章でも述べたように、その後数年がたち、ライフサイクル上、松島の小中学生数は再度減少し、2013年には小学校分校が再び休校とならざるを得なくなった。ただし、再度、閉校でなく休校という形で分校を維持している点に注目したい。

他方、中学校の場合は、生徒数が極端に減少した場合、教育効果や課外活動の必要性から、島内の学校を閉校にして本土の学校に統合するケースが少なくない。その善し悪しは一概には言えず、海況や定期船の規模や運航状況等も考慮しつつ、保護者や生徒の意向および教育関係者の判断によらざるを得ない。

ところで近年、また新たな状況が生まれてきている。それは、これまで島の子は島の小中学校に行くことが常識だったが、近年、隣接の唐津市内に中高一貫校が開設されたため、島の小学校から島の中学校ではなく本土のこの中高一貫校の中学部に進学するケースが出てきたからである。その結果、多様な影響が出てきている。1つは、これまで島の子は高校進学とともに離島するのが一般的だったが、このような新たなケースでは、中学進学とともに本人も母親等の保護者も一足早く離島することとなり、ライフサイクル上、子どもの離島、あるいは母親等の保護者の一時的離島が早まっている。その結果、それらの関係者の人数分、島の人口減少も早まっている。2つ目は、その分、島の中学生数が減少し、島の中学校の存続の危機をさらに早めている。3つ目は、小学校まで一緒だった友達や兄弟が別々の中学校に入ること

による友達間、あるいは兄弟間にもたらす弊害の出現が危惧される。したがって、今後は、少なくとも本土中学進学生徒への物心両面でのケアが関係者に求められる。

3）医療（診療所）

　全般的には戦後、離島における医療機関も整備が進んだと言える。しかし、島によって格差が大きいという実態があり、整備が不十分な小島嶼も少なくない。また、ハード面での施設整備に対し、運用面で問題が残されているケースもあるようである。

　大規模島嶼には公共的病院もあり比較的恵まれている実態がある一方で、かつて無医地区であった小規模島嶼でも診療所が設置されたり、あるいは個人病院の医師が定期的に来島したりして、多くの島嶼で医療施設・体制の整備が進んだ。たとえば、佐賀県では僻地医療制度のもとで、基本的に佐賀県内高校出身で自治医科大学（栃木県）卒業の研修医の勤務先として島嶼の診療所が位置付けられ、県内7島中5島の診療所に研修医が派遣され、原則として島外研修日や土日祭日以外は島内診療を行う仕組みが整備された。しかし同時に、松島では隣の島の診療所から週1回午前中に研修医が来島するのみであり、また向島は研修医派遣の対象にはならず、市の委託により2週間に1日・日中のみ本土の医院の医師が診療に来島するという厳しい状況も長く続いている。

　また、目下、全国的に地域医療体制の再編が進んでおり[5]、佐賀県北部地域でも唐津市を中心に赤十字病院を核と位置付けた地域医療体制への再編の結果、ある島ではこれまでは原則2年間は特定の研修医が診療所長として勤務する仕組みであったが、2011年度からは毎日異なる研修医が順番でそれぞれ来島するように変わった。それに対し、診療所を掛かり付けにしているある高齢者は、診療所訪問が馴染みの医者が来島する曜日に限られるようになった不便さを語っていた。

　さらに、年度や診療所によって異なるが、せっかくの宿泊施設併設の診療

所が必ずしもその通り利用されていないため、土日祭日・研修日や平日の夜間等、島内に医者がいない日時における不安を訴える島民の声も少なからず聞かれた。すなわち、一部の島を除いてハード面および人的配置面では島の医療システムは一定の整備が進んだと言えるが、「環海性」「隔絶性」を持つ島の地形的・時間的制約のもとで、必ずしも島民の要望に沿った運営がなされているとは限らないのである。

4）その他のライフ・ミニマム

　以上、さしあたり5つの条件を概括したが、高齢化が深化し日常生活の利便性の質の向上がますます求められる我が国の今日的状況下では、島においてもこれら5条件以外に商店やデイ・サービス施設の存在もライフ・ミニマムとして挙げる必要がある。そして、これらは島民が集まるサロンとしての役割も果たしている。「隔絶性」という点からも島には商店が不可欠である。しかし、玄海諸島の中で松島にはしばらく商店はなく、向島でも2013年に唯一の商店が閉店した。それに対し、島民は個人的に宅配便で、あるいは仲間で共同購入で対応したりしているが、不便性は免れない。他方、島内唯一の自治区運営の共同売店を維持している神集島の取組は貴重である。

(3) 産業振興

1）漁業と農業（作物生産）に注目

　現在島に住んでいる人にとって上記のようなライフ・ミニマムが必要となるが、将来に向かって特に若い世代が島に住み続けていくためには、島の基幹産業が彼ら・彼女らを受け入れてくれるキャパシティを維持していくことが必要となる。そこで、次に島の基幹産業の自立的・持続的発展の可能性に言及してみたい。

　島は面積も位置も多様である。また、既述のように須川聡氏が島を農業特化島嶼群、自立的漁業島嶼群、公共事業依存島嶼群など7つに区分したように[6]、島民の生活の基盤である産業構造も多様である。したがって、産業

振興の課題も島ごとに異なってくる。もちろん、島の産業は孤立しているわけではなく日本全体ないし隣接本土の一角を構成しているため、それらの問題は日本全体や隣接本土の動向と関わらせて見ていかなければならない。

ところで、須川氏によると佐賀県内の７つの島はすべて自立的漁業島嶼群に区分された。そのことは、当時の2005年国勢調査結果の我が国の全離島の産業分類別就業者数の割合が農業14.7％、卸売・小売業13.2％、建設業11.2％、医療・福祉9.6％など（漁業は６位で８％）であるのに対して、佐賀県内の７島は2010年国勢調査で１位の漁業が40％と圧倒的に高く、２位の教育・学習支援業の10％、３位の製造業の９％、４位の医療・福祉の９％等を引き離しており、農業に至ってはわずか10人で１％台に過ぎないことからも確認することができる。たしかに、現在では佐賀県の島の「農業」はほぼ消滅したため、統計上も2000年の馬渡島での農業センサス調査を最後にして、以後、７つの島での農業センサス調査は打ち切られた。こうして、その後は７つの島すべてにおいてセンサス基準の農業は消滅したと言ってよい。ただし、実質的な作物生産は大なり小なり継続されており、2014年現在でも馬渡島や高島などでは島内外に農産物を販売している生産者がいた。

そこで、本書では、まず７島の漁業の歴史と現状を可能な限り詳細に分析・考察した。合わせて、マイナー化したとはいえ、維持・継続されている作物生産に注目し、その実態と意義についても分析・考察した。それらの結果は以下のとおりである。

２）漁業振興

近年の水産庁『水産白書』では、ほぼ毎年度、水産物の世界的な需要と生産の増加の一方で我が国では沿岸漁業の担い手の高齢化による漁業生産体制の脆弱化や水産物の消費と生産の減少といったマイナス面が見られるという叙述がなされている。また、ここ10年ほどの平均の漁家所得は500万円台で勤労者世帯の可処分所得並みと記されているが[7]、『26年度水産白書』には、そのうち漁業からの漁労所得は200万円台で推移してきたが2013年には初め

表終　漁業就業者の年齢構成（2013年）

(単位：％)

年齢類型	類型区分	全国	佐賀県			
			平均	有明海区	玄海海区	玄海諸島
青年者	15～39歳	16.9	20.8	24.4	12.1	13.4
中年者	40～64歳	47.9	57.3	59.2	52.8	56.6
高齢者	65歳以上	35.2	21.9	16.4	35.1	30.0

資料：2013年漁業センサス。

て190万円に低下したと記載されている[8]、これこそがこの後継者難と漁業就業者の高齢化の要因となっていることは言うまでもない。そして、このような基本的な構造は日本農業と同様である。

　さて、佐賀県内に目を転じても、漁業就業者の高齢化と後継者難はより一層厳しい実態にある。そのことを示したのが**表終**である。表からまず、玄海海区とその中の玄海諸島7島の漁業就業者の30～35％が65歳以上の高齢者によって担われていることが分かる。この数値は全国平均並みだが、もう一方の39歳以下の青年者の割合は全国平均の16.9％より低く12～13％に過ぎない。こうして、玄海海区および玄海諸島の漁業者は全国並みに高齢化しているだけでなく、青年者の割合は全国よりも低く、より一層、後継者難の様相を呈している。

　実際、佐賀県の島々を歩いてみると若い漁業者を見掛けることは少ない。たとえば、2009年の加唐島の世帯悉皆調査の結果では、漁家26戸中、確認された漁業後継者は5名のみで、第9章で述べたように、Aさん（当時44歳、以下同じ）は磯建網・蛸壺・一本釣りの見習いを、Bさん（38歳）は磯建網・一本釣り・一口アワビ養殖を、Cさん（35歳）は一本釣りと遊漁船経営、Dさん（35歳）とEさん（34歳）兄弟は父親と一緒に定置網を行っているという実態であった。

　また、向島でも2000年以降、一時期、成年男子のUターンが見られ、海士青年が7人となったが、その後離島者も出て、2014年では4人に半減した（第12章）。

しかし他方、同じ玄海諸島の中でも松島での過去と現在の動向に注目したい。それは、松島については先に小学校分校の休校・開校に関して述べたが、その背景に漁業の仕組みや動向が存在したと著者はみているからである。すなわち、松島では上記本木氏の諸著書にもあったが、1989年のOさん（当時27歳、以下同じ）夫婦の帰島を先頭に、90年にPさん（20歳）が結婚し、92年にQさん（27歳）夫婦や93年にRさん（29歳）家族も帰島し、また93年にはSさん（24歳）が結婚して島の人口が増え、引き続き出産によってさらに人口が増えたことがマスコミ等でも注目された[9]。こうして、年少人口が増えたことによって95年まで7年間休校だった小学校分校が96年に開校されたわけである。さらに、Sさんの結婚後も島の若者の結婚は続き、94年にはTさん（21歳）が、また97年にはUさん（31歳）が結婚し若妻を島に迎え入れた。

さて、上記7人の中でO、T、Uさんは海士である。松島の漁業の中心は現在まで長年10人前後の海士によって担われてきており、彼ら3人は学校卒業後父親と一緒に海士に従事してきたが、現在はそれぞれ独立している。ところで、松島の海士漁は他の玄海諸島の6島のそれとは異なり、解禁日の決まった時間帯にメンバー全員が1隻の船でポイントに向かい操業するという作業方式をとっている。海士漁は元来、アクアラング不使用の資源保全型の漁法と言われているが、松島ではその方法をさらに徹底して行っているのである。このことは、島の漁業者が経験的に編み出した持続的漁法と考えられる。すなわち、小さな島の限られた水産資源を利用して生きていくためには、松島では共同による10人前後の海士漁が最適規模と考えられ実行しているものとみられる。逆にみると、松島では海士ならば10人ほどでやっていける、あるいは松島は海士を10人ほど受け入れることができるということでもあると思われる。このような実態が松島の海士の後継者として若者の帰島や結婚を促し、順調なファミリーサイクルの展開によって島の漁業の再生産が行われてきたとみられる。

そして、2000年代に入り、めぐりめぐって新たな世代交代のファミリーサ

イクルのステージ（第2ステージ）が始まった。すなわち、2009年にPさん（当時39歳、以下同じ）の後継者（18歳）が高校卒業後Pさんと一緒に遊漁船に乗り、翌2010年にはSさん（48歳）の後継者（18歳）も高卒後にSさんと一緒に遊漁船に乗り始めた。また、その後2012年にはRさん（54歳）の後継者（18歳）も高卒後帰島してRさんと一緒に釣り船に乗り漁業を始めた。

さて、それに引き続くべきいわば第3のステージの動向が今後の将来方向を左右する。すでに第10章で述べたが、それらは、Tさん（2015年現在53歳、以下同様）とUさん（49歳）の息子たち（Vさん（21歳）とWさん（20歳））の動向である。彼らは高卒後本土で就職して仕事をしているが、もともと「親の背中を見て」中学・高校時代からいずれ帰島して海士を引き継ぐ意向を持ち続けているからである。ただし、目下のところは父親のTさんもUさんもともに彼らの海士志望を積極的に後押ししてはいない。その背景には漁業のみならず将来の島での生活全般に対する不安がある。しかし、著者にはもう1つ、離島後のしばらくの時間の経過の中で帰島や漁業開始のきっかけをつかみかねているからだと推測される。そこで、海士漁等の漁業開始の1つのきっかけとして、新規漁業就業者支援事業[10]の積極的活用を提案しておきたい。なお、その場合、父親たちは研修受け入れ先としての「4親等以上」条件を心配しているが、玄海諸島には類似の海士漁師が多いため、島間での対応の検討も勧めたい。

また、一方では、漁師の後継者や定期船の乗務員の若手が近年結婚し、その子弟が島の保育所に入所したという注目すべき事例も出てきていることについて第9章で述べた。

3）6次産業化・特産物開発

産業振興に関わって今日注目されているのが6次産業化である。その目的は付加価値生産であり、その背景は農水物生産者価格の低迷による農業・漁労所得の減少、また消費サイドにおける加工品需要と本物志向の高まりである。その販売先としては島外市場だけでなく輸送コストの掛からない島内市

場も少なくない。それは新たな加工品の島内循環と言える。また、6次産業化には女性の役割が大きいため、女性起業という目的もある。

　もちろん、その通りであるが、言うは易く行うは難い。しかし、徐々にではあるが確実な歩みが見られる。佐賀県の島々の主要産業は漁業であるため、6次産業化の中身はほとんど漁業由来となっている。たとえば、イカが魚種の中心である小川島では漁協がイカの加工品を製造販売しており、島内の民宿で出すイカを含めた活魚料理を求めて島来する年配のリピーターも少なくない。また、向島と加唐島の民宿にもウニ・アワビ等の新鮮な水産物を食べに来る観光客が絶えない。2014年に民宿が再開された松島でもそうなりつつある。さらに、馬渡島では数人の女性メンバーが工房でアジの開きやみりん干し、イカの一夜干しや塩辛、塩ウニ等の水産物加工品を中心にその他、味噌、豆腐などを製造している。販売先は豆腐とアジ加工品等は主に島内客、アジ加工品の一部は来島観光客、味噌は島外の直売所や観光物産店にも出すが島内の小中学校と児童養護施設にも販売しており、多様である。松島でも2014年に水産物加工所が設立され、塩わかめの製造販売が開始された。

　他方、農林業関係では、「椿の島」をアピールしている加唐島では椿の実を島外に販売しているだけでなく、島内で椿油を加工製造し島外の直売所や観光物産店等にも卸している。また、同島はまだ半農半漁的色彩を残しており、漁師が切干大根やツワブキを島外の直売所に出荷しているし、島内の小中学校の給食の材料として一部島内産野菜が供給されている。さらに、馬渡島では島内原産と言われる元寇（げんこう）という柑橘の復興を目指す女性も現れた。そこで、次に島の農業の復興の可能性を考えてみたい。

4）作物生産の現状と農業の復興可能性

　上述のように、かつては農業も盛んだった玄海諸島でも、今日では統計上は農業・農地・農家は消滅したが、実際は残された狭小な畑で高齢者を中心に大なり小なり季節の野菜や果実が栽培・収穫されている。そのほとんどは小規模で家庭菜園的な自給作物であるが、馬渡島では島内の施設への販売が、

加唐島や高島では島外の市場への出荷が今でも見られる。

このような島の畑での野菜・果実栽培は、第1に家の食事の材料として重要であり、まさに経済的な意味を持っている。また第2に、高齢者が身体と頭脳を使用するため健康上有用な効果をもたらしている。野菜作りにいそしむ高齢者が「土いじりは体力づくりとボケ防止」と語っている通りである。それはまた、趣味的要素も持つ。あるいは、高齢者の生きがいと言っても良い。この側面は非経済的意味と言うことができる。したがって、このような必要性や効果があるため、細々と家庭菜園的なものであっても、野菜・果物作りは今後とも残っていくものと思われる。

しかし、このようななけなしの野菜・果実栽培も、近年、イノシシやヤギやヒヨドリ等からの鳥獣被害に遭い、維持するのが厳しくなってきている。このような鳥獣被害は全国的な現象だが、佐賀県の島々では近年とくにイノシシ害に困惑している。それは、これまで島にはイノシシはいなかったから未経験のことであるし、また統計上農地が消滅したため中山間地域等直接支払制度を利用してのイノシシ防護網の設置等ができないでいるためである。また、そのうえ馬渡島では野生化したヤギやヒヨドリによる作物被害が増加している。こうして、この面からも島の作物栽培条件は悪化してきている。

このように、なけなしの作物栽培の維持が困難な状況下では、自給的な作物生産から産業経済的な農業生産へ底上げしていくことは至難のわざである。したがって、目下のところの課題は、島の主人公である高齢者の生活維持に不可欠な作物生産の少なくとも現状維持であると言わざるを得ない。

(4) むすび―展望・提言―

最後に、これまで述べてきた現状に対し、今後対応できる可能性についてコメントしてまとめに代えたい。

1) ライフ・ミニマムの充実化

定期船を「海の道路」と位置付け、今後、便数増加の可能性は言うまでも

なく、増便が困難な多くの島でも、始発・最終便の時間帯を調整したり、また本土と島との間（縦の関係）での運航がほとんどである中で、もし近くに島があるような場合は、島と島の間（横の関係）での運航の連携の可能性を探ってみるなど、島民の生活上の利便性や島外通勤の条件拡大の余地はある。そして、このような利便性向上は島外からの訪問者の増加にもつながる。なお、この点では新たな離島振興法での定期船運賃の負担軽減策が注目される。

まだ幼い小学生は島内の近くの小学校に通わせるのがベターであり、小学校はたとえ一時期児童数が途絶えても、将来若妻を迎え島で活躍するはずの若者の子弟のためだけでなく、島の財産（社会的共通資本）の1つとして、その意味で島社会のシンボルの1つとして、したがって、島のライフ・ミニマムの1つとして島民が閉校でなく休校を望むならば、そのような措置が求められる。

関連して、このせっかくの機会に、豊富な島の歴史の存在の一方でそれに関するとりまとめが意外と少ない状況下で、教諭等と協力して高齢者を語り部にして写真・CD・ビデオ等で島の歴史を小学校に残す等の取組も有効である。このことは高齢者の役割や元気を掘り起こすことにもつながる。

島は高齢化の最先端地域でもあるため、超高齢社会への新たな真っ先の対応が期待されている医療場面では、限られた設備と人的資源の中で、島民も医療関係者も改めて「21世紀高齢社会における人間としての患者と医者」の新たな関係の構築の模索がともに求められている。そこで、たとえば島の医者グループの研究会、患者の会、両者の懇談会などの組織化を提案したい。そうすれば、相互の意思疎通が深まり、診療の効果も高まり、結果として島の患者からの信頼も高まり、医者自身も実りある人生経験を積むことができる。

2）産業振興の課題

我が国の水産業全体の縮小の最先端地域と言わざるを得ない島嶼において水産業の復活再生を図るには、大枠として国の水産政策における島嶼の位置

付けとその振興策の提示が必要だが、合わせて島嶼の漁業者自身による持続的漁法の実践が求められる。第10章で取り上げた松島の海士漁の方式を優良モデルの1つとして評価したい。そして、そのようなモデルを政策対象とした国・地方自治体による漁家所得補償制度が実施されるならば次世代の担い手の確保が担保されよう。

合併で広域化した市町村の場合、これまで行われてきた一島一品的な特産物開発を、先進地を見習い、観光の観点も含めて総合的に、また島々間連携を含めて適正規模論の観点から広域的に見直し、組み替えていってはどうだろうか。

島には貴重で珍しい動植物が少なくない。それらをニッチ商品として掘り起こし、直売所等で販売できないだろうか。また、捕えたイノシシやヤギを食肉に加工して販売することも十分可能である。さらには、野生化したヤギを逆手にとって観光やアニマルセラピーとして利用することも考えられる。

そして、何よりも、以上のような諸課題に取り組んでいく主体としての地域づくりのリーダーの養成が求められている。島の住民はもとより行政や地域研究組織とも連携してそのノウハウを研究・検討し、島づくり、島おこしのリーダーの掘り起こしと養成に早急に取り組まなければならない。

2．残された課題

本書では言及・分析できなかったが、島の活性化ないし島民生活の安定・充実化に向けて、今後検討すべき重要な課題として、近年、玄海諸島において取り組まれ、芽生えつつある活動事例を見据え、気付いた点をいくつか補足して本書を擱筆したい。

（1）島間の協力・連携

1）玄海諸島間

本書では、玄海諸島に属する7つの島の多様性に注目し、それぞれが持つ

特色ある事柄の指摘に主力を置いてきたが、7つの島の間で協力・連携することによって、力を発揮する場面が少なくないことにも注意する必要がある。このような島間の協力・連携が求められている根拠は、言うまでもなく、人口減少によって各島の持つ社会経済力が低下してきたため、これまで単独で行ってきた社会経済活動に限界が生じてきたことから、これに対し、複数の島が力を出し合うことによって、社会経済力の傾向的低下に歯止めを掛けることが可能だからである。そして、この点を課題として掲げることができるのは、玄海諸島の7島が、このような島間協力・連携を行うことができる条件を備えているからにほかならない。すなわち、玄海諸島7島が、「群島」的に比較的隣接して立地しており、また、ともに漁業を中心とした類似の産業構造を擁していることからも、共通する意識を持っていると考えるからである。また、これまで7島は1市3町にまたがっていたが、2006年合併によって1市にまとまったため、行政的にも一丸となる可能性が高まった。

では、具体的な事柄として、その1つは生活インフラ面での協力・連携の可能性である。たとえば、定期船はそれぞれの島民により設立された独自の企業主体がその島の事情を背景に独立的に独自に運営されており、運航経路も、いずれの島においても、その島と本土との間での一直線的なルートに限られている。したがって、定期船で玄海諸島内の別の島に渡るためには、一旦本土の港に戻ってから、改めて次の目的地への本土の定期船乗り場からでないと行くことができない。また、発着時間はそれぞれの関係する島のみの事情で決まっているため、「乗り継ぎ」が可能かどうかは偶然的事柄に属する。このようなシステムにおいては、島民もそうでない人も、玄海諸島内の複数の島に行く場合は極めて不便である。したがって今後、島民の生活の安定や向上を目指すためには、この点の考慮の余地や必要性の検討があると思われる。それは、たとえば、通常便は従来どおり本土とある特定の島の間を往復するとしても、新たに早朝便や夜間便あるいは休日便といった通常便以外の特別便を創設し、さらには近くの複数の島にも寄航するようにすれば、島民の島外への通勤や外出の機会が広がり、島民の仕事の増加や生活の利便性の

向上に寄与するのみならず、島外からのアクセスの選択肢も広がり、観光客の移動回数も増加にもつながるものと思われる。事実、現在でも隣の島の中学校や保育所に通う生徒や園児もいるし、隣の島の診療室に通う医療関係者もいるため、このような学校・医療関係者にとっても定期船の島間運航の需要は存在している。

　2つは、生産・販売面でも玄海諸島間の協力・連携による活性化の方向が考えられる。本書中で何度も指摘したように、須川聡氏の言うとおり、玄海諸島の産業の中心が漁業である点は今でも基本的に変わりはないため、漁業面で7島全体が連携する意義と効果の大きさを忘れてはならない。玄海諸島のほとんどの島において近年、水揚量・水揚額の減少のみならず、それに伴って、漁業就業者数の減少も目立つ。その結果、1つの島では市場出荷におけるロット不足により、価格形成が不利になるような魚種が出てくる可能性がある。もし、そのような場合が生じたときに、複数の島でその魚種を共同出荷することによって最低限のロットを確保するならば、魚価の低下を防げる効果があると思われる。なお現在、佐賀県の玄海海区の単位漁業協同組合は玄海地区漁業協同組合への合併が進みつつあるが、現在進行形のこの漁協合併による単一漁業協同組合の広域化こそ、このような一致団結の組織的条件となりうるものと思われる。

2）類似諸島との連携

　島間の協力・連携は、玄海諸島7島間に限られない。必要があれば、関係するその他の島々間で行うことが求められる。

　たとえば、考えられることの1つの事柄として、玄海諸島のほぼ全ての島において海士漁が行われており、この海士漁の水揚量・水揚額が減少傾向を示していることから、福岡・長崎・山口県の類似の島との間で情報交換を行いつつ、広域的・組織的に新たな海士漁業の方向性を見出していく方法がある。そして、その場合は、単に水揚量・水揚額といった経営経済的な情報のみでなく、広く「海士」「海女」の歴史や環境調和型漁業の意義の確認や国

民への情報発信も行いながら、総合的な活動を目指す方向や取組も考えられる。関連して、玄海諸島の小川島では、捕鯨の歴史を踏まえた諸々の取組がなされているが、海士漁の将来方向としても、この小川島の事例が参考となろう。

次いで考えられるのは、成年男子の婚活対策である。本文で述べたように、全体としての少子高齢化が進む7つの島にも、一定数の青年男子が残っている。しかし、彼らの大半が未婚者であるという深刻な実態にある。これに対し、行政主導によって島外未婚女性との合同イベントは毎年実施されてきているが、オールマイティーではない。そこで、その対策の1つとして、近年、結婚事例の少なくない玄海諸島以外の島の事例の検討や、その島との交流が事態打開の1つのヒントになると考える。そして、その際に重要なことは、行政主導だけではなく青年自身が自主的な任意組織を結成して自らが行動を起こすことである。

（2）本土からの支援・協力

島の活性化と島民生活の安定・向上の実現のための方策として、近年、注目されているのは本土からの支援・協力である。その具体的なあり方としては、「地域おこし協力隊」の活動、および大学・学生との交流・連携活動がある。

「地域おこし協力隊」は総務省によって2010年に制度化された補助事業であるが、農林水産省管掌の「田舎で働き隊」等とともに過疎農山漁村の再生に一役かっていることが注目されている[11]。そして、「平成25年度の実績では、全国の318自治体に978人の隊員がおり、うち離島では北海道利尻島から沖縄県渡名喜島にいたる約30市町村で80人以上が活躍」[12]したとある。そして、佐賀県唐津市でも2012年から福岡出身の女性が「地域おこし協力隊」として佐賀県玄海諸島に入り込み、関係7島間での交流組織の立ち上げ、情報交換会の実施、7島の特産物の本土での共同販売、7つの島民でのスポーツ大会の実施、さらにはいくつかの島での活性化を目指しての大学生との連

携事業の開始といった多様な取組の主催・サポートを行っている。そしてこのような2年間の取組の結果、2013年からいくつかの島で本格的な加工所の立ち上げという成果も得た[13]。なかでも、島民から大きな信頼を得たことから、玄海諸島の今後の新たな動きが注目される。

また、本土からの支援・連携として注目されるのは、大学や大学生との連携事業の開始である。近年、過疎農山漁村に大学・大学生が入り、活性化に向けた取組事業を行う事例が見られるようになった[14]。そのような動きは玄海諸島においても例外ではない。そして、この玄海諸島における大学・大学生との連携事業の開始が上述のように、「地域おこし協力隊」の活動とかかわっていることも特徴的である。その1つとして、小川島において2013年5、7月に中村学園大学流通学部の教員・学生30人弱が調査を行い、9月に学生が鯨のゆるきゃら・ひじきソフトクリームの製造、漁師育成ツアー・島内マラソンの実施等の提案を行った[15]。また、神集島において2014年に九州大学の院生が耕作放棄地を開畑して小麦を栽培し、閉校になった中学校の調理室を利用して島特産の豆腐を使った料理メニューを開発し提案した[16]。こうした新たな取組は注目に値するものである。

いずれも、玄海諸島にとってこれまでにはなかった画期的な取組であり、今後の動向が期待される。そして、そのような取組の試行錯誤の中から、島再生や島民生活の維持・充実化に資する課題が抽出されていくに違いない。

【注】
（1）大野晃『限界集落と地域再生』南日本新聞社、2008年、88～89頁の「人間が生きていく上での最低限度の生活条件を私は『ライフ・ミニマム』と呼んでいる」を援用した。
（2）鈴木広『都市化の研究』恒星社厚生閣、1986年、311頁。
（3）林直樹「過疎集落の生活交通」林直樹・齋藤晋編著『撤退の農村計画』学芸出版社、2010年、17～19頁、および徳野貞雄・柏尾珠紀『家族・集落・女性の底力』農山漁村文化協会、2014年、27～31頁。
（4）椎名誠編『でっかい旅なのだ』新潮社、2001年、86頁。なお、本木修次氏の松島踏査記録は同氏著の『小さな離島へ行こう』1995年、140～144頁と『小

さな島の分校めぐり』1998年（ともにハート出版）、65～70頁に詳しい。
（5）2011年3月に訪ねた長崎県上五島町でも地域医療体制の再編が進められているのを垣間見た。
（6）須川聡「島嶼地域の計量的地域区分」平岡昭利編著『離島研究』海青社、2003年、9～24頁。
（7）農林水産省『平成23年度水産白書』2012年、99頁。
（8）農林水産省『平成26年度水産白書』2015年、78頁。
（9）『佐賀新聞』1997年5月14日付以後何度か各種マスメディアで取り上げられた。
（10）2012～2016年度に全国漁業就業者確保育成センターが実施主体となり実施される補助事業で、そのうち「新規漁業就業者確保事業」は「漁業子弟を含む新規就業希望者の漁業現場での実施による長期研修（最長3年間）を支援」するもので、研修受け入れ指導者に対して研修経費が助成される制度である。
（11）小田切徳美「集落再生と『地域サポート人』」『農業と経済』2014年1・2月合併号、2014年、46～58頁。
（12）日本離島センター『季刊しま』No.238、2014年、24頁。
（13）上掲書、53～56頁。
（14）中塚雅也・内平隆之『大学・大学生と農山村再生』（JC総研ブックレットNo.4)、筑波書房、2014年に詳しい。
（15）『佐賀新聞』2013年9月24日付。
（16）『佐賀新聞』2014年3月6日付および2015年7月22日付。

あとがき

　大学の附置研究施設は基本的に10年時限で設置され、そこでの研究成果の評価によって将来方向が決定されている。著者も同様の施設に所属し時間とたたかってきた。そのような中で、本書は2012年度再編・発足の佐賀大学農学部附属施設内の「島嶼社会経済学」分野でのプロジェクト研究の成果をとりまとめたものである。なお、実際上の島嶼研究は旧研究センター時の2007年から手掛けてきたため、実質的には10年弱の研究成果と言える。

　方法的には、佐賀県「玄海諸島」に属する7つの島を対象に「1年に1島」を取り上げ、我がゼミや農学部（本学）の学生・院生、および研究センターの研究支援推進員の協力・支援も得つつ、学生・院生の卒業・修了論文にも結び付けつつ行った共同研究的なフィールドワークである。

　そこで、合宿しつつこれらの7島のフィールドワークに参加いただいた学生・院生および研究支援推進員の氏名を以下に掲載し、感謝の意を伝えたい。

・龍雅明、池田めぐみ、前田瑛里、浦智裕、守田麻衣子、林美智子、内田尚希、高沢美鈴、田中守、今村恭輔、岡﨑香平、前野航太朗、井手一郎、緒方俊介、北島直弥（以上、学生・院生、敬称略）

・山口和宏、渡辺民子、渡部さおり（以上、研究支援推進員、敬称略）

　加えて、上記の研究支援推進員の渡辺・渡部さんからは本書の図表に関わるデータ収集等の協力を得た。お陰で多くの図表を作成することができた。

　なお、離島（島嶼）研究および少子・超高齢・過疎社会に関する研究業績が膨大な中でせいぜい10年弱の成果を公表するのは忸怩たる思いであるが、その点は「はしがき」でも述べたように、「地方創生」「地域再生」に関する政策・研究が求められている中で本書は少子・超高齢社会の一典型地域である離島（島嶼）を対象にした地域研究というタイムリー性を持つという社会的性格のほかに、著者が担当する所属機関の「島嶼社会経済学」分野を本春定年退職するための時間的な制約があることをご了解いただきたい。

　そして、そのような本書の内容と意義をご理解くださり出版をお引き受けい

ただいた筑波書房の鶴見治彦社長に深く感謝いたしたい。

　本書は「1年に1島」の調査結果を著者が2012年まで所属していた研究センターの研究成果年次報告（Coastal Bioenvironment）に書き溜めてきた拙稿等に加筆・修正したものが骨子となっているため、以下にそれらの初出論文を記しておく。

　　序章～第7章、第10章：書き下ろし。

　　第8章：「玄界灘小島嶼社会の持続的展開条件（その4）」Coastal Bioenvironment Vol.19、2012年。

　　第9章：「玄界灘小島嶼社会の持続的展開条件（その2）」Coastal Bioenvironment Vol.15、2010年。

　　第11章：「玄界灘小島嶼社会の持続的展開条件（その3）」Coastal Bioenvironment Vol.17、2011年。

　　第12章：「玄界灘小島嶼社会の持続的展開条件（その1）」Coastal Bioenvironment Vol.13、2009年。

　　終章：「人が暮らし続けられる島には何が必要か」後藤・安田記念東京都市問題研究所『都市問題』Vol.103、2012年8月号。

　本書は、離島を対象とした少子・超高齢・過疎の「地域再生」問題へのアプローチを目指した一研究であるが、このような研究への駆け出しに過ぎない。また、極めて多様で複雑な離島問題に対し、佐賀県「玄海諸島」を取り上げた一モノグラフの域を出ていない。したがって、類似の研究をさらに進めるために多くの読者からのご批判・ご指摘をお願いしたい。

　2016年1月

　　　　　　　　　　　　　　　　　　　　　　　　　　　　　小林恒夫

著者略歴

小林　恒夫（こばやし　つねお）

1950年栃木県生まれ。1973年宇都宮大学農学部農業経済学科卒業。1981年九州大学大学院農学研究科博士課程単位取得退学後、福岡県農業大学校と九州共立大学経済学部の非常勤講師、名寄女子短期大学（現名寄市立大学）の講師・助教授、佐賀大学海浜台地生物生産研究センターおよび同大学海浜台地生物環境研究センターの助教授・教授を経て、2012年度から2015年度まで同大学農学部附属アグリ創生教育研究センター教授。農学博士（1990年、九州大学）。

著書（単著）
『半島地域農漁業の社会経済構造』九州大学出版会、2004年（2005年度九州農業経済学会学術賞受賞）
『営農集団の展開と構造』九州大学出版会、2005年
『佐賀「肥前杜氏」史研究』農林統計出版、2011年
『地域農業構造変動論』昭和堂、2013年（2014年度食農資源経済学会学術賞受賞）
『佐賀農漁業の近現代史』農林統計出版、2016年

研究課題
地域農業・農業構造分析および離島（島嶼）研究

玄界灘島嶼社会の変容
―佐賀県「玄海諸島」研究―

2016年2月12日　第1版第1刷発行

著　者　小林恒夫
発行者　鶴見治彦
発行所　筑波書房
東京都新宿区神楽坂2-19 銀鈴会館
〒162-0825
電話03（3267）8599
郵便振替00150-3-39715
http://www.tsukuba-shobo.co.jp

定価はカバーに表示してあります

印刷／製本　平河工業社
©Tsuneo Kobayashi 2016 Printed in Japan
ISBN978-4-8119-0478-8 C3033